시베리아 이야기

시베리아 이야기

정태언 지음

범우사

차례

II. 알타이 그리고 예니세이

Ⅲ. 바이칼, 안가라, 부리야트

Ⅳ. 아무르, 극동 그리고 사할린

‘시베리아’ 박 미하일 그림

작가의 말

멀게만 있던 시베리아는 이제 활짝 열려 많은 사람들이 다녀오는 가까운 곳이 되었다. 나 개인으로선 시베리아를 만난 지 20년가량 되었다. 물론 실제 시베리아를 다니기 시작한 것은 10년 전쯤이다. 시베리아는 이런저런 기회를 주며 나를 불러들였다. 다녀올 때마다 많은 인상들이 선물처럼 주어졌다. 그러면서도 자주 부끄러웠다. 시베리아에 대해 얼마나 많이 알고 있을까, 늘 자신이 없었다. 그 앞에 조그마한 책 한 권을 내놓는다.

시베리아에 대한 책을 오래 전부터 구상해 왔다. 부채처럼 나를 짓누르던 시베리아. 그 사이 시베리아에 대한 유용한 책들이 세상 밖으로 많이 나왔다. 그 때마다 내가 쓰고자 했던 내용이 중첩되어 다시 구상을 바꾸었다. 많은 원고들이 그렇게 사라졌다. 그리고 내게 남은 시베리아에 대한 편린들을 〈시베리아 이야기〉라는 작고 소박한 제목 속에 넣어 독자 분들 앞에 선보이게 되었다.

우리와 가깝고도 먼 시베리아, 그 속의 사람들, 그리고 우리 역사의 흔적들이 있는 곳. 너무도 넓은 시베리아를 다 가볼 수는 없었다. 그래도 시베리아의 오지를 찾아다니며 이제는 수가 많이 줄어든 원주민들을 만날 때, 우리의 정서와 가치관이 비슷해 동질감을 느끼기도 했다.

책의 분량 때문에 많은 이야기들이 빠져 있다. 시베리아에 갈 기회가 생긴다면, 특히 가보지 못한 땅을 밟을 기회가 찾아온다면, 그 때는 보다 더 싱그럽고 생생하게 다가들 시베리아의 이야기가 찾아올 것이라 믿어 본다. 이렇게나마 책을 낼 수 있게 기회를 준 시베리아의 대지에 또 그 속의 많은 인연들에 감사하며 고개 숙인다.

어려운 시절에 기꺼이 책을 내주신 범우사 윤재민 대표님과 김영석 실장님, 그리고 원고와 사진들을 정리 편집해주신 윤실 선생님께 감사의 말씀 드린다.

2019년 10월

정 태 언

Ⅰ. 시베리아로 들어가며

러시아 지도

시베리아와의 인연

'시베리아'란 지명이 내게 바짝 다가왔을 때 그야말로 가슴이 얼어붙었다.

"시베리아요?"

하필이면 시베리아란 말인가. 그만둔다 말할까. 시베리아는 내 가슴을 싸하게 만들고 있었다. 한참을 망설인 끝에 내 대답은 '해볼께요'였다. 선택이고 뭐고 없었다. 그러자 갑자기 부끄러워졌다. 학위를 마치고 내게 주어진 첫 강의는 러시아문학이 아니고, 시베리아를 다루는 과목이었다.

러시아 문학을 공부한다고 대학에서도, 대학원에서도 그리고 급기야는 모스크바로 유학길에 오르면서도 정말 시베리아는 생각해보지도 않았다. 몹시 당황스러웠다. 나는 심각하게 얼굴을 찌푸렸다.

시베리아의 봄

그렇게 나는 시베리아를 만났다. 매 학기마다 백여 명이 넘는 학생들이 시베리아에 대한 호기심으로 들락거렸다. 그럴 때마다 다시

여름의 시베리아 벌판

부끄러웠다. 여러 사정 때문에 정작 시베리아에는 한 번도 발을 들여 놓지 못한 채 나는 '뻰뻰스럽세' 강의를 이어나갔다. 그 과목을 한 대학에서 10년 간 강의했다. 그 교과과목이 폐지되고 나서야 나는 처음 시베리아 땅을 밟을 수가 있었다. 그러자 이런 저런 기회가 생겼고, 거의 해마다 시베리아의 대기를 들이마셨다. 시베리아를 지키는 신이 그 정도 했으니 발을 들여도 좋다, 허락을 해주신 것일까.

이제 시베리아에 많은 사람들이 다녀온다. 그런데도 간혹 시베리아란 지명을 앞에 놓고 이런 질문들을 한다.

"거기 동토잖아요. 여름에도 춥지요?"

시베리아의 가을, 카툰강

"여름에도 꽁꽁 얼어붙어 있어요?"

얼어붙은 바이칼

물론 시베리아에 다녀오지 않은 사람들이 하는 말이다. 겨울철 일기예보에서 오르내리는 '시베리아 기단'은 우리나라를 동장군 아래 꽁꽁 묶어 놓으니 그런 말이 나올 수 있다. 그러나 시베리아에 찾아온 봄은 겨우내 쌓여 있던 눈을 녹이며 싹을 틔우게 만든다. 여름에는 꽃을 피우고 그 꽃들에서 블루베리며 구즈베리, 산딸기 등이 주렁주렁 열린다. 초원을 뒤덮은 분홍빛 이반-차이. 대지 위를 노랗게 물들이는 가을, 그리고 우리가 너무도 잘 아는 무시무시한 추위로 무장한 겨울. 나는 겨우 한 마디 할 뿐이다.

"시베리아에도 사계는 있습니다."

시베리아란

대학에서 교양과목으로 시베리아를 강의할 때다.

첫 시간이면 늘 하는 질문이 있었다.

"여러분! 어느 곳을 시베리아라고 합니까?"

추운 북쪽이라는 대답, 중국 위쪽이라고 하는 대답, 러시아라는 대답 등 어느 정도 부합하는 답들이 이어진다.

"시베리아란, 러시아 영토의 아시아 부분입니다."

다시 질문을 던진다.

"그럼, 유럽과 아시아를 구분 짓는 자연적 경계는 어딘가요?"

"우랄산맥이요!"

이번에는 많은 대답들이 하나로 모아진다.

"예, 맞습니다. 우랄산맥으로 나누기도 하고 강으로 나눌 때면 바로 오브강을 기점으로 삼기도 합니다."

시베리아는 너무 광대한 땅이다. 세계에서 제일 큰 영토를 가진 나라는 러시아다. 시베리아는 대략 러시아 영토의 3/4을 차지한다.

전통적인 시베리아 구분

"너무 넓은 시베리아 지역을 일반적으로 셋으로 나눕니다."

* 우랄산맥(오브강)에서 예니세이강 사이를 **서시베리아**.
* 예니세이강에서 레나강 사이를 **동시베리아**.
* 그리고 레나강으로부터 동쪽을 **극동지역**

위와 같이 나누던 게 일반적인 시베리아 구분이었다. 얼마 전부터 러시아 정부는 광대한 시베리아를 세 개의 연방지구로 나누었다. 이는 경제적인 효율성을 고려해 개편한 것에 따른 것이다.

일반적으로 부르던 서시베리아, 동시베리아, 극동은 이제 우랄연방지구, 시베리아연방지구, 극동연방지구로 바뀌었고, 그 경계도 많은 차이를 보인다.

현재 러시아의 연방지구에 따른 시베리아

시베리아의 어원

'시베리아'(러시아어로는 '시비르')란 지명의 뜻을 놓고 의견이 분분하다. 역사상 시베리아 지역에 '시비르한국'이 존재했다. 러시아를 지배했던 킵차크한국이 약화되면서 지금 시베리아 토볼스크 지역에 시비르한국이 들어섰다. 검은담비 모피를 얻기 위해 쳐들어온 러시아에 복속당하기 전까지 이 국명을 썼고, '시비르'란 지명은 여기서 비롯되었으리라는 것에는 별 이견이 없는 듯하다.

처음 시베리아(시비르)를 대했을 때 그 뜻이 궁금했다. '시비르'란 어원이 '잠자는 땅'이라는 의미의 타타르어에서 왔다는 주장, 또 몽골어에서 비롯되었다는 글들을 접했다. 몽골어로 시비르는 '나무가 울창한 습지' 정도의 의미를 지니고 있다는 것을 알았다. 한국의 어떤 몽골학자는 '시비르'라는 지명은 몽골어에서 비롯된 것이 아닐 거라는 견해를 피력했다. 아마도 퉁구스어나 투르크어에서 비롯되었을 것이라 했다.

하긴 그렇다. 비록 그게 큰 나라가 아닐지라도 국가명만은 웅대한 뜻을 내포하지 않을까. 어떤 종교적인 믿음, 우주관 등을 포함하거나 아니면 적어도 뭔가 자랑으로 내세울 것을 국가명으로 삼지 않을까. 그렇다면 타타르어의 '잠자는 땅'이나, 몽골어의 '나무가 울창한 습지'는 어울리지 않을 뿐 아니라 뭔가 이상하다.

그러던 차에 '시비르'란 말의 뜻이 전혀 다르다는 말을 들었다. 서시베리아 지역의 원주민 학자는 내 말을 듣고 고개를 절레절레 저었다.

"시비르란 말은 그게 아니예요. 시비르는 '문화를 바탕으로 잘 가꿔졌다'는 의미를 갖습니다."

나는 고개를 끄덕였다. 뭔가 앞뒤가 들어맞는 것만 같았다. 국가명이라면 그래야 하지 않을까. 울창한 숲으로 이루어진, 별 쓸모없는 땅 같은 부정적인 의미를 대체 누가 국가명으로 내세운단 말인가. 시비르의 뜻에 신빙성을 더해주는 점은 그 학자가 예전 시비르한국이 있던 곳과 그리 멀지 않은 곳의 원주민이었다. 그는 사라져가는 자신의 문화에 대한 저서를 여러 권 가지고 있었다.

"우리한테 '시비르'의 반대말은 '툰드라'예요."

문화를 바탕으로 질서 잡힌 시비르가 거꾸로 뒤집힌 세상을 툰드라라고 부른다 했다. 우리가 영구 동토로 알고 있는 툰드라, 사람이 사는데 극한의 조건을 부여하는 툰드라가 어쩌면 그런 의미일지도 몰랐다. 하여튼 그 학자는 서시베리아의 하카시아, 알타이, 쇼르 같은 원주민들은 시비르와 툰드라를 그런 뜻으로 받아들인다고 했다. 하기는 툰드라를 차지한 사하(야쿠티아)인들은 투르크 계열로 바이칼 부근에 살다가, 부리야트인들에게 밀려 거기까지 올라갔다고 알려져 있지 않은가. 처음에 그 툰드라, 사람이 살기에 극한의 조건을 부여하는 그곳에서 그들은 또 새로운 '시비르'를 만들어냈을 것이다.

그 학자의 마지막 말. "지금 지구가 뜨겁게 달아오르고 있어요. 아마 이 광활한 시비르가 생명이 살기에는 최고의 땅이 될 겁니다!"

시베리아 횡단열차 또는 9288

모스크바 야로슬라블 역을 몇 번인가 지나친 적이 있다. 유럽 러시아 쪽에서 시베리아 횡단열차의 시발점. 종착역은 블라디보스토크역이었다. 그땐 그게 뭔지 모르고 지나쳤다. 한국과 지척인 블라디보스토크역은 그때만 해도 아직 활짝 문을 열어 제치지 않은 때였다. 군항으로 더 알려진, 그래서 초등학교 시절에 단체관람으로 가 보았던 안중근 의사의 일대기를 다룬 영화의 장면처럼 아득하기만 했다. 아마도 하얼빈역을 재현한 그런 류의 풍경 속에 블라디보스토크역이 있

블라디보스토크 역. 시베리아 횡단열차 기념탑. 9288이란 숫자를 새긴 판이 붙어 있다.

블라디보스토크역

었다. 그렇게 시베리아 횡단열차에 몸을 실어보지 못했다.

그리고 9288이란 숫자를 알게 된 건 훨씬 뒤였다. 시베리아 횡단열차가 달리는 철길의 길이 9288km.

마침내 블라디보스토크역에서 열차에 몸을 실었다. 까마득한 거리. 가늠하기 어려운 9288km. 아득한 옛날, 100여 년 전 이준 열사와 이상설 선생이 지나갔을 그 길 위를 달린다.

많은 한국인들이 시베리아란 말에, 그리고 시베리아 횡단열차란 말에 복도의 차창에 달라붙어 창밖으로 희끗희끗 지쳐가는 자작나무 숲을 보고 있다.

그렇게 시베리아로 들어간다.

쥐라기의 새

겨울 시베리아를 휘감는 것은 북극에서 진주해 온 한냉전선만이 아니다. 그 전선에 맞서 대오를 갖추며 시베리아 도시들과 촌락 위로 방어막을 치는 것은 다름 아닌 석탄을 태우며 나는 연기와 냄새다. 그 뿌연 허공을 날고 있는 중생대로부터 날아온 쥐라기의 새들.

저녁 한 동안 가난한 시민들의
살과 피를 데워주고
밥상머리에
된장찌개도 데워주고
아버지가 식후에 석간을 읽는 동안
연탄가스는 가만가만히 지층으로 내려간다
그날 밤
가난한 서울의 시민들은
꿈에 볼 것이다.
날개에 산호빛 발톱을 달고
앞다리에 세 개나 새끼 공룡의
순금의 손을 달고

서양 어느 학자가
Archaeopteryx(시조새 ; 조류의 조상)라 불렀다는
쥐라기의 새와 같은 새가 한 마리
연탄가스에 그을린 서울의 겨울의
제일 낮은 지붕 위에
내려와 앉는 것을,
- 김춘수, 〈겨울밤의 꿈〉•

연탄가스를 맡을 때면 김춘수 시인의 저 시가 늘 떠오른다. 몰래 몰래 침투해 와 목숨을 앗아가던 그 연탄가스의 추억이 시베리아의 저 연기 속으로 스미는 것은 이른바 '연탄세대' (물론 지금도 연탄은 가난한 서민들의 겨울을 녹여주고 있다. 다만 온돌이 아니라 보일러 형태라 그 피해가 줄었지만)로서는 당연한지 모른다. 학교 난로에도 당번이 조개탄을 양동이에 받아다가 채우던 시절. 냄새가 없다는데도 코에 깊이 박혀버린 연탄가스.

한 겨울, 블라디보스토크역은 쉴 새 없이 날아드는 그 황갈색 연기에 휩싸여 있다. 열차 승무원이 차표검사를 시작할 때 그 냄새와 작별을 고한다.

지나쳐가는 역에 설치된 디지털 온도계들은 영하 35도 언저리를 오르내린다. 밤을 새워 달린 열차가 희부윰한 아침을 맞고 시골 간이

• '김춘수 《처용》, 민음사, 2002.

역에 정차한다. 열차 점검을 받는 역이다. 플랫폼에 내려서면 역을 둘러싼 구릉을 따라 자그만 목조집들이 올망졸망한 땅에 바짝 엎드려 있다. 그곳에서 지층을 뚫고 올라오듯 그 황갈색 연기가 모락모락 솟아오른다. 얼어붙은 듯 바람 한 점 없는 내기 속에 그 연기와 매캐한 냄새들이 뭉쳐 전선을 이룬다. 그 벽촌 속 가난한 이들의 "살과 피를 데워주고", 집집마다 서둘러야 하는 아침식사 준비를 위해 여기저기서 연기가 뿜어져 나온다.

마을에서 쉬지 않고 피어오르는 노란 연기에서 시선을 거둬 눈을 돌리면 선로에는 탄을 한 가득 실은 화물열차가 서 있다. 역 주변 트럭 위에도 새카맣고 반질하게 윤기가 흐르는 탄 덩어리들이 빼곡하게 실려 있다.

기차가 정비를 마치고 덜컹거리기 시작한다. 점점 멀어져가는 마을을 감싼 연기 사이로 황갈색 털의 쥐라기 새들이 날고 있다.

시베리아의 노천탄광

서낭당

예전에 우리나라에서 흔히 볼 수 있었던 서낭당. 서낭당 옆 돌무더기 근처 나무에는 오색천이 펄럭였다. 지금도 우리 무속인들이 서낭대에 매다는 오색천들은 빨강, 파랑, 노랑, 하양, 초록이다. 흔히 말하는 오방색 중 흑색 대신에 초록색이 걸려 있다.

시베리아 도처에서 오색천을 감은 서낭당을 흔히 만난다. 빨강, 파

투바공화국

하카시아 공화국. 길 가는 도중 간단한 제를 올리는 모습

랑, 노랑, 하양, 초록의 천들이 신목이나 선돌 같은 곳에 감겨 있다. 그 천들을 '잘라마'라고 부른다. 특이하게 알타이 지역에서는 빨강색을 쓰지 않고 나머지 네 색만 쓴다. 지역에 따라 텡그리, 부르한 또는 산신령 같은 수많은 숭배의 대상들에게 안전을 비는 행위가 이루어진다. 그냥 미신이라고 치부하기에는 찜찜한 구석이 있다.

언젠가 바르구진(부리야트 공화국의 한 지역명. 바이칼호 동쪽)을 지나 타이가로 들어갈 때였다. 그곳까지 버스로 갔다가 지프를 대절했다. 운전사는 러시아인으로 갓 스물이나 되었을까. 우리를 목적지까지 데려다 준다는 조건으로 거금을 준 터였다. 그런데 우리 일행 넷을 전부 뒷좌석으로 몰았다. 조수석에는 자기 여자 친구를 태워야 한다고 우겨댔다. 세 시간 가량 자기 혼자 돌아오기가 적적하다는 게 이유였다. 다른 차를 찾아도 없었다. 오후가 기울어가는 시간이었다. 할 수 없이 짐짝처럼 뒷좌석에 구겨지고 포개져 털털대는 길을 달렸다. 숲으로 접어들자 언덕이 시작되는 곳에 오색 천을 휘감은 서낭당이 있었다. 나는 그곳에서 멈추자고 그 러시아 녀석에게 부탁했다. 다큐멘터리 같은 프로에서 시베리아 길을 가며 서낭당에 술을 뿌리기도 하고, 담배도 놓고, 아니면 지전이나 동전, 사탕 따위를 올리는 모습을 자주 보았기 때문이다. 그 젊은 운전수는 여자 애랑 시시덕거리며 못 들은 척 서낭당을 지나쳤다. 정말이었다. 한 2분이나 지났을까. 뒷바퀴가 터져나가며 차가 급정거를 했다. 우리 일행은 후다닥 밖으로 나왔다. 짐짝에서 다시 인간이 된 것 같았다. 재크(Jack)를 꺼내고 보조 타이어를 갈아 끼우는 동안 그 녀석을 도와주지 않았다. 너무도 무례한, 그 젊은 녀석이 괘씸했다.

몇 년 지나 한국에서 차를 가지고 시베리아를 횡단할 때였다. 치타를 지나 울란-우데로 넘어가는 큰 고개가 나타났다. 경사를 따라 길 곳곳에 서낭당이었다. 비까지 내렸다. 반질반질 닳은 흙길이 비에 젖어 차바퀴가 옆으로 밀려났다. 몇 년 전 생각이 나서 서낭당에 간단한 제를 올렸다. 무사히 고갯길을 넘도록.

산마루를 넘어서서 아래로 향할 때였다. 저 아래편에 경찰차가 보이고 적재함에 나무를 가득 실은 트럭이 뒤집혀져 있었다. 머리에 피칠갑을 한 운전사가 반정신이 나간 채로 경찰의 부축을 받고 있었다.

알타이 공화국

이반-차이

이반-차이라는 이름을 처음 들었을 때 거무튀튀하게 마른 찻잎을 두고 그렇게 부르는 줄 알았다. 러시아어로 차를 '차이'라고 하니 무리가 아니었다. 이반-차이는 이반의 차. 이반이라는 상호라면 어지간한 러시아인들에게 친숙하리라 여겼다.

성인 요한을 기리는 이름인 이반은 왕부터 농노에 이르기까지 신분고하를 가리지 않고 막 써온 러시아의 대표 이름이다. 이반-차이라면 그 이반들이 먹는 차라는 뜻인가. 다시 말하면 누구나 즐길 수 있는 러시아 차라고 단정 지었다.

이반-차이. 그 어감은 우스웠다. 어려서 각인된 그 이름에 대한 고

이반-차이

정관념 때문일까. 톨스토이의 동화 '바보 이반'. 실제 바보가 아니라 무서울 정도로 미욱하면서도 의뭉스런 이반이었다. 그래도 바보를 앞세운 그 제목은 머리에 고스란히 저장되어 꼼짝하지 않았다. 이반-차이 위로 그 바보 이반이 겹쳐졌다.

찻잎으로 말려 파는 이반-차이

새로운 '이반'은 정색을 하며 씁쓰레하면서도 떨떠름하게 내 입을 파고들었다. 비릿한 날내가 감도는 것도 같았다.

이반-차이는 러시아에서 흔한 차였다. 블라디보스토크에서 이반-차이를 누런 봉투에 포장해 파는 것을 흔하게 볼 수 있다. 바이칼에서도, 알타이공화국에서도 이반-차이를 곳곳에서 팔았다.

그런데 이반-차이는 차 이름이 아니었다.

시베리아 곳곳에 아름다운 군락을 이룬 분홍꽃들이 피어 있다. 러시아 전역에서 여름이면 흔하게 볼 수 있는 야생화. 그 꽃 이름이 이반-차이다. 우리나라에도 있는 분홍바늘꽃을 러시아에서 그렇게 부른다. 그 이반-차이를 말려 차로 만든 것도 이반-차이다.

타티야나

러시아 여인의 이름 중 '나타샤', '카츄샤' 같이 귀에 익은 것들이 있다. 그런 이름들 속에서 빠질 수 없는 게 '타티야나'이다.

타티야나는 푸슈킨의 운문장편소설《예브게니 오네긴》에 등장하는 여자 주인공이다. 명문가 귀족 청년인 '예브게니'가 도시의 생활에 염증을 느끼고 상속으로 물려받은 시골 영지에 내려갔다가 거기서 만난 처녀. 그녀는 예브게니를 짝사랑하고 전 세계에 알려진 그 유명한 편지까지 보낸다. 일명 '타티야나가 오네긴에게 보내는 편지'이다.

하지만 시골의 무료함 속에서 심심풀이 대상이었던 촌뜨기 타티야나가 예브게니의 맘에 들 리가 없다. 결국 예브게니는 그 시골을 벗어나 다시 대도시의 향락에 젖어든다.

타티야나도 시골을 떠나 대도시로 나와 어느 나이든 장군의 부인이 된다. 어느 날 무도회에서 마주치게 된 둘. 그제야 예브게니 눈에 그녀의 진면목이 들어온다. 예브게니는 뒤 늦게 사랑을 고백해본다. 그렇지만 이미 다른 사람의 아내가 된 정숙한 그녀는 그를 받아들이지 않는다.

《예브게니 오네긴》에 대해 수업할 때 '타티야나'는 도덕적인 러시아 여성상의 전형이니, 주어진 역경을 헤쳐 나가는 긍정적 주인공이니 하고 외웠다.

그리고 정말 러시아에는 타티야나가 많다.

푸슈킨

시베리아의 여러 곳을 돌아다니며 호텔에 묵었다. 어떤 곳은 호텔이란 이름을 붙이기도 민망하게 초라했다. 어쨌든 하룻밤을 묵으려면 거주등록을 하게 된다. 아무 생각 없이 거주등록증을 받아 여권에다 접어서 끼워 넣었다. 체류지가 일곱 곳이 지나자 여권에 끼어놓은 그 거주등록증이 두툼해졌다. 무심히 그것들을 한 장 한 장 펼쳐 보았다. 파란 스탬프 밑에 책임자의 이름과 사인이 들어 있었다.

우연이었지만 그 이름들 전부 '타티야나'였다. 알타이 공화국의 수도 고르노-알타이스크의 거주등록증에조차 타티야나였다. 물론 성은 제가끔 달랐다. 거기다가 호텔 두어 곳의 주소는 '푸슈킨 거리'였다. 타티야나라는 이름을 보며 문득 러시아 여성상의 전형이라는 그 여인을 떠올리고 있었다.

공산주의 약사

유신 치하였다. 과목명이 '반공'인가 '윤리'인가 어슴푸레하다. 이데올로기보다는 학교 앞 분식집에서 튀겨 팔던 핫도그나 만두에 온통 정신이 팔려 있을 중학생 때였다. 그런 관심거리를 잠시 제쳐 놓고 칼-마르크스니 엥겔스니 레닌 같은 이름들을 적의에 차서 외워야 했다. 생시몽도 튀어 나왔다. 빨간색을 뒤집어 쓴 적의는 어디에서 왔던가. 그 과목 선생은 시험을 보고 나서 성적이 좋지 않으면 아주 심한 매질을 했다. 엉덩이와 넓적다리에 시퍼런 멍을 안기는 그 매질을 피해 시험이 닥치면 눈을 벌겋게 붉혔다. 아이들은 저주스러워하며 그런 이름들을 필사적으로 외웠다. 북한과 소련, 중공 등이 거기에 합세했다. 스탈린, 모택동 등이다..

한 · 러 수교 20주년 기념행사가 있어 모스크바에 갔을 때였다. 모스크바 공항에서 일행 중 한 분의 짐이 끝내 보이질 않았다. 누구나 당황해 절절 맬 수밖에 없는 상황. 여자 분이라 더 그랬을 것이다. 이리저리 알아보며 시간이 흐를 때 분노에 찬 그 분의 말.

"이게 다 빨갱이 나라 와서 그래요!"

어쩌면 그 분도 유신 치하에서 붉게 물들었던 그 이름들을 외웠던

건 아닐까, 생각이 스쳤다.

모스크바 공항에 주재하는 항공사 직원이 고개를 숙이며 다가왔다. 인천공항에서 모스크바행 비행기에 실어야 할 짐을 카이로행 비행기에 실었다는 것이었다. 사흘 뒤 카이로에서 모스크바로 오는 비행기편으로 짐이 오도록 조치를 취했다며 연신 사과를 했다. 인천공항에서 탄 모스크바 직항 비행기는 한국 국적기였다.

공항에서 대절한 차에 오른 우리는 '레닌대로'를 달려 숙소로 향했다. 누군가의 소리가 들려왔다.

"모스크바에서 제일 큰 도로라는데 아직도 레닌이네!"

러시아의 거리, 특히 시베리아의 도시와 벽지에서 장소를 찾으려면 다시 그런 이름을 되뇌어야 한다. 레닌대로나 레닌거리는 항상 중심에 놓인다. 그 곁으로 칼-마르크스대로나 거리 같은 게 지나간다.

마르크스, 엥겔스, 레닌, 스탈린의 얼굴을 넣은 포스터. 노보시비르스크 향토박물관

이런 도로명을 시베리아 도처에서 만난다.

청소년기에 깜냥으로 알았던 공산주의 약사가 그 위로 희미하게 덧입혀진다. 이 자본주의의 시대에.

레닌의 표정

러시아의 여러 도시들에 세워져 있는 레닌 동상은 제가끔 다른 표정과 다양한 모습을 하고 있다. 레닌 동상은 그 지역의 중앙에 서 있다. 거의 그 동상이 있는 곳이 그 도시의 한가운데라고 보면 된다. 물론 지형에 따라 다 그렇지는 않지만 거의 그렇다.

블라디보스토크 역을 나오자마자 레닌이 반긴다. 코트 차림의 레닌은 한 손을 쳐든 채 역으로 드나드는 사람들을 향해 뭔가 열변을 토하고 있다. 사람들은 아무런 관심도 두지 않은 채 버스정거장으로 바삐 발을 옮긴다. 비둘기 몇 마리만이 그의 머리 위로 날아들었다. 훌렁

블라디보스토크역 앞

하바롭스크

벗겨진 레닌의 머리에 희뿌연 배설물을 남기고 다시 역 광장으로 바삐 날고 있다.

하바롭스크 의회가 있는 중앙광장의 군복차림에 망토를 두른 레닌 상은 웅장하다. 혁명을 완수하고자 하는 결연한 의지 같은 게 챙이 달린 군모 비슷한 것을 쓴 레닌의 얼굴에 배어있다.

노보시비르스크에 있는 동상 속 레닌의 얼굴은 당당하면서도 여유가 엿보인다. 망토를 휘날리며 짝다리를 짚고 있는 민머리의 레닌. 그 뒤로 붉은 군대 병사와 레닌의 기치를 찬양하며 깃발을 날리는 군중들이 배치되어 있다.

가장 큰 인상을 남긴 레닌상은 부리야트 공화국의 수도 울란-우데의 의회 앞에 있는 것이다. 거대한 레닌 두상. 울란-우데의 상징으로 꼽힌다. 여기에 얽힌 이야기를 들었다.

노보시비르스크

울란-우데의 레닌 두상

사할린 어촌 프라브다

박람회에 전시하기 위해 출품된 이 거대한 레닌의 두상을 울란-우데 시가 사들였다는 것이다. 어떤 정치적인 계산이 작용했을 것 같다. 세계에서 제일 큰 레닌 두상일 것이다. 그로테스크하게 좌대 위에서 목으로 버티고 있는 거대한 레닌의 머리가 위태로워 보인다. 그 두상 속 레닌은 무표정한 얼굴로 어딘가를 응시하고 있다. 어디를 바라보고 있는 것일까.

사할린의 조그만 어촌 마을 프라브다에도 레닌 상이 있다. 소련 시절 수산물콤비나트로 번성했던 곳이지만 지금 그런 공장들은 문을 닫고 허물어진 채 방치되고 있었다. 주민들도 생기가 없다. 그래서일까 아니면 동상 제작자의 솜씨 때문일까. 조야하게 하얀 페인트칠을 뒤집어 쓴 듯한 레닌은 잔뜩 얼굴을 찌푸리고 있는 것만 같다. 동상 주위에 스프레이로 뿌린 낙서가 눈에 들어온다.

알타이어족 세 사람

러시아 국내선 비행기를 탔다. 3인씩 붙은 좌석이 양 끝에 자리하고 가운데가 통로인 그런 중형비행기였다. 공교롭게도 내 자리는 가운데였다. 비좁았다. 덩치가 큰 러시아친구가 오면 어쩌나 내심 신경이 쓰였다. 내 곁의 자리로 찾아온 사람들은 다행히도 동양인이었다.

창가에 앉은 젊은 친구는 북한 국적이었다. 그를 이르쿠츠크 공항에서 본 기억이 났다. 환송을 나온 북한 사람들 중에 유독 말쑥해보였다. 내 눈길을 끈 것은 그의 겉옷이었다. 영하 20도쯤 내려간 날씨인데도 늦가을에나 어울릴 듯한 진초록의 아웃도어 점퍼. 유명 브랜드이긴 했지만, 오리털 파커로 무장한 나는 그가 춥지 않을까 은근 걱정을 했다. 그 곁에는 러시아 털모자인 샤프카를 쓰고 두툼한 정장 외투를 걸친 50대 후반의 북한 사내가 서 있었다. 고위층으로 보였다.

공항에서 짐 검사를 마치고 비행기를 타러 대합실로 들어갈 때 공항직원이 나를 불러 세웠다. 뜨끔했다. 자주 겪던 일이지만 또 내 짐에 문제가 있는 줄 알고 덜컥한 것이다. 하늘색 제복 차림의 출입국 담당인 러시아인이 내게 여권을 건네는 것이었다. "이거 빠뜨리고 갔어요." 휴-우 하면서도 그 여권을 받아들까 말까 망설였다. '조선인민민주주의공화국'. 아마도 러시아 여직원은 그 여권이 내 것인 줄 알았나 보다.

그 여권 임자는 이미 안으로 들어가 버린 게 분명했다. 주저하다가 받아 들었다. 그 보이지 않는 벽, 예전 모스크바에서 시장에 갈 때 북한대사관 직원들을 자주 보았다. 정장에 김일성과 김정일 배지를 달고 있던 그들. 임자 잃은 여권 위로 그런 기억들이 스쳐갔다. 하지만 러시아에서 여권을 잃어버리면...... 참으로 난감한 상황들이 발생할 게 뻔했다.

나는 여권을 열어 사진을 보았다. 하얀 얼굴의 말쑥하고 앳된 얼굴이었다. 그 때 그 진초록색 점퍼의 북한 친구가 화장실에서 나오고 있었다. 그 친구에게 여권을 건넸다. 그는 우리말로 '고맙습네다'를 두어 차례 되풀이했다. 난 고개만 끄덕이고 얼른 등을 돌렸던 터였다.

그 친구가 창가에 앉았다. 거의 좌석이 다 차갔다. 내 왼쪽은 여전히 비어 있었다. 그때 우락부락한 동양친구가 좌석번호를 확인하며 점차 가까워 왔다. 초원의 유목민의 얼굴. 부리야트인인 그가 옆 자리 주인이었다.

시베리아 상공을 동양인 셋이서 나란히 붙어 앉아 날고 있었다. 유목민의 후예는 한국에서 열리는 '평창 올림픽'에 간다고 하며 평창 인근 도시와 숙소 같은 것을 러시아어로 물어왔다. 그와 대화를 나누는 동안 북한 친구는 어둠에 잠긴 창 밖 풍경만 내다보고 있었다. 나는 그에게 말을 걸었다. 기껏 꺼낸 얘기는 평창 동계올림픽에서 남북 여자 아이스하키 팀이 단일팀으로 꾸려져 좋다는 말이었다. 그도 환히 웃으며 대답했다. "그렇습네다." 나는 그에게 이것저것, 저 장벽에 걸려 넘어지지 않을 질문을 골랐다. 그가 말한 정보는 이랬다. 평양에 산다는 것, 이르쿠츠크 벌목 사업장에 관리직으로 파견 나와 있다는 것, 평양에는 아내와 다섯 살 먹은 딸아이가 있다는 것.

나는 곧 다가올 설을 꺼냈다.

"거기서는 양력설을 쇠지요? 우리는 대개 음력설을 쇠는데……"

"아닙니다. 저희도 음력설을 쉽니다."

다시 부리야트인이 말을 건네 온다. 시베리아에 중국인이 너무 많이 들어와 있다는 불평, 그리고 러시아 국내의 문제 등을 가지고 툴툴댔다. 그러면서 다시 올림픽과 한국으로 화제를 돌린다. 한국에는 곧 음력설이라고 하자 자기네도 '사가알간'이라는 음력설을 쉰다고, 그때는 굉장하다고 자랑을 늘어놓는다.

그것도 잠시, 대화할 밑천이 떨어졌다. 우리는 입을 닫았다. 창 밖 어둠 속 저 밑이 어디쯤인가를 가늠해 보았다. 불쑥 백석의 〈북방에서〉의 시구들이 스쳐지나갔다.

> 아득한 옛날에 나는 떠났다.
> 부여를 숙신을 발해를 여진을 요를 금을,
> 흥안령을 음산을 아무르를 숭가리를
> 〈……〉
> 나는 그때 자작나무와 이깔나무의 슬퍼하던 것을 기억한다.
> 갈대와 장풍의 붙들던 말도 잊지 않았다.
> 오로촌이 맷돌을 잡아 잔치해 보내던 것도
> 쏠론이 십리길을 따라 나와 울던 것도 잊지 않았다.

'알타이어로 말하는 새' 윤후명 그림

〈……〉

아, 나의 조상은 형제는 일가친척은 정다운 이웃은 그리운 것은 우러르는 것은 나의 자랑은 나의 힘은 없다.

바람과 물과 세월과 같이 지나가고 없다.

알타이어족 세 명이 그렇게 시베리아의 밤하늘을 날고 있었다.

더 빨리

러시아 말 '스카레이'는 부사로 '더 빨리', '빨리 빨리'의 뜻을 갖는다. 우리가 좋아하는 말이다. 처음 러시아 땅을 밟은 곳이 모스크바였다. 거리에서 이 말을 자주 들었다. 그 때마다 나는 주위를 돌아보았다.

그 까닭은 다름 아닌 한국을 지칭하는 '코레야'와 연계시킨 말인 줄 알았기 때문이었다. '코레야'는 강세에 따른 러시아발음으로 '카레야'가 됐다. 누가 나더러 어느 나라에서 왔냐고 물어보면 나는 '이스카레이'(한국에서 왔다)라고 답했다. '이스카레이'와 '스카레이'는 내 귀에 같은 소리로 들려왔다.

길거리에서 숱하게 들려오는 '스카레이'. 나는 길을 걷다가, 아니면 시장에서, 마트에서 '스카레이'가 들려올 때마다 주위를 두리번거렸다. 혹시 나를 염두에 둔 말 아닐까. 착각이었다. 이방인인 내게 정체성을 부여해주는 '이스 카레이'. 그래서 '스카레이'가 맘에 들었는지도 몰랐다.

인구 천만이 넘는 거대한 도시, 모스크바. 그래서일까. 지하 100여 미터 아래를 오르내리는 에스컬레이터 속도는 무척 빨랐다. 한국에서 타던 그것은 모스크바의 것에 비하면 거의 속도감을 느낄 수 없었다. 그래서 모스크바에서 지하철을 탈 때마다 주저주저하다가 얼른 빠르게 다가드는 에스컬레이터에 발을 안착하곤 했다. 그런데 얼마 뒤 나도 한국 사람임을 새삼 깨달았다.

한국 관광객들이 자주 가는 외국의 국민들도 잘 아는 우리 말 '빨리빨리'를 실천하기 시작했다. 처음에는 경사도나 속도에 질려 조심조심했다. 그게 익숙해지자 보행을 위해 비워 둔 왼쪽으로 뛰어서 내려가곤 했다. 그렇게 그 큰 도시에서 '스카레이'를 많이 듣고 '이스 카레이'인 나는 그 말을 실천했다.

시베리아에 올 때 많은 것을 비우기로 작정하고 왔다. 저 모스크바 같은 대도시가 아니라고 느긋하게 마음을 먹었다. 그런데 그게 그만 어긋나고 만다. 나는 어느새 버스 시간을 맞추려, 열차표를 끊으려, 마감시간을 앞둔 은행에서 환전을 하려 '스카레이'하며 달리고 있었다. 그런 나를 시베리아의 러시아인들이 성큼성큼 앞질러 갔다.

모스크바

시베리아 시골의 한 마을. 거기 지명이 '모스코프스코예'다. 지명을 보면 모스크바와 연관이 있을 터. 먼지가 풀풀 날리는 시베리아의 초원에 쇠잔해 있는 마을. 너무도 안 어울린다. 그 지명을 놓고 이리저리 별 상상을 다했다.

왜 모스크바일까. 높은 건물과 휘황함으로 치장한 문명과는 거리가 너무도 멀다. 후줄근한 농가들이 겨우겨우 몸을 추스리고 있는 듯한 퇴락한 마을, 모스코프스코예.

이 황량한 초원에 모스크바에서 파생한 이름을 쓰던 이가 이사와 중요한 역할을 했는가. 가령 이 작은 마을에 근무하던 관리 이름에서 따온 것일까. 실제 시베리아에 이런 지명들이 수두룩하다.

체호프의 《사할린 섬》에서 거리의 명칭이 어떻게 붙여지는지 잘 보여준다.

"사할린에서 거리의 명칭을 붙일 때 그곳에 근무하는 관리를 기리는 관습이 있다. 거리 명칭은 관리의 성(姓)에서만 따오는 게 아니라 이름과 부칭에서도 따온다. 만일 '이반 페트로비치 쿠즈네초프'라는 관리가 있다 치자. 그러면 한 거리는 쿠즈네초프 거리(쿠즈네초프스카야), 다른 거리는 이반 거리(이바노프스카야), 그리고 또 다른 거리는 이

반-페트로프 거리(이바노보-페트로프스카야)라 부른다.•

만일 시베리아에 '미하일로프카'로 불리는 척박한 마을이 있다면 필시 미하일이란 관리가 있었다거나 아니면 미하일이란 인물이 맨 처음 정착한 곳일 것이다.

척박한 이곳에서 모스크바는 어떤 역할을 했을까. 사회주의 시절 집단농장에서 노동영웅이라도 된 걸까. 운전을 하고 있던 러시아인이 자꾸 뒤를 돌아보며 골똘히 생각에 젖어 있는 내게 말을 툭 던졌다.

"저긴 사회주의 시절 모스크바 사람들이 이주해 와 만든 마을이에요. 그래서 모스코프스코예가 됐어요."

• 안톤 체호프, 배대화 옮김, 《사할린섬》, 동북아역사재단, 2013.

이름들

언젠가 서울의 한 시립도서관에서 문학 강의를 했다. 거기서 러시아문학이란 말이 나왔다. 많은 사람들이 눈을 동그랗게 뜨고 몇몇 작품들을 들먹였다. 그때 뒷자리에서 고개를 숙이고 있던 중년 여인이 그 작품들을 읽지 못해 마치 죄라도 지었다는 듯이 소곤거렸다.

"이름이 복잡하고 괴상해서 읽다 말았어요." 그게 왜 잘못이란 말인가. 그녀의 솔직함에 고개를 끄덕였다. 많은 이들이 겪는 일이었다. 이름 때문에 헷갈려서 대체 뭔 소리를 하는 거냐고 조금 읽다 책장을 덮고, 며칠 지나 다시 잡았다가 끝내는 집어던지는 장면이 눈앞에 어른댔다. 물론 뛰어난 집중력의 소유자라면 그런 이름 나부랭이는 아무 문제도 아닐 것이다. 당연히 나도 그런 경험이 있었다. 한두 번이 아니었다.

러시아인들의 호칭은 '이름+부칭父稱+성姓'으로 이루어진다. 이름만 부른다면 아주 친한 사이이거나 아니면 손아래한테 쓰는 경우가 대부분이다. 더구나 이름을 애칭(愛稱)으로 바꾸어 부르는 경우는 가족이나 정말 흉금 없는 사이일 때다. 처음 만나서 얼굴을 약간 붉히며 조심조심 어려움을 내포한 사이나, 손 위 사람, 존경의 의미를 표할 때 '이름+부칭'을 쓴다. 어쩌다 부칭만 부르는 경우가 있는데 이때도 친한 사이에서나 그렇게 한다.

고등학교 시절, 독후감을 꼭 내야만 하는 세계명작 목록 중에는 《죄와 벌》이 끼어 있었다. 왜 그게 세계명작인지, 거기까지 가기에는 너무나도 화력이 강한 지뢰들이 많이 매설되어 험난했다. 지뢰 중 가장 화력을 뽐냈던 게 바로 러시아식 명명법이었다. 읽어내려는 굳센 의지를 무력화시키는 이름들은 곳곳에서 도사리다가 발을 들이밀면 펑펑 터져버렸다.

《죄와 벌》의 주인공은 널리 '라스콜리니코프'로 알려져 있다. 그런데 이 인물은 갑작스레 '로쟈'로 둔갑한다. 그리고는 다시 '로지온 로마느치'로 변신을 거듭한다. 어쩌다는 '로치카'로 깜짝 바뀐다. 그의 이름을 제대로 쓰면 '로지온 로마느이치 라스콜리니코프'이다. 라스콜리니코프는 성이고 로마느이치는 아버지의 이름이 '로만'이라는 것을 밝히는 부칭인 것이다. 로지온이 진짜 이름이다. 로지온의 애칭은 로쟈이고, 이 정도로도 모자라다 싶어 듬뿍 사랑의 감정을 담아 물고 빨면 로쟈는 지소형인 로치카로 변해 품에 쏘옥 안기는 것이다. 이름에 대한 애칭은 정말로 변화무쌍하다.

'알렉산드르'. 멋진 이름이다. 근데 갑자기 '싸샤'로 휘익 바뀐다. 대체 그 멋있는 알렉산드르를 놔두고 싸샤가 왜 튀어 나온단 말인가. 싸샤는 알렉산드르를 정감 있게 부르는 애칭이다. '드미트리'는 '미쨔'이고, '이반'은 '바냐', '알렉세이'는 '알료샤'인 것이다.

보통 러시아식 이름은 러시아 정교회 달력에 나온 성자들의 이름을 따서 짓는 게 보통이다. 그런데 그들의 삶 속에 두텁게 자리한 종교만큼 강력했던 게 러시아 혁명이다.

"제야, 부레야, 베미소르, 레보, 류치야 등과 같은 이상한 이름을 가진 아이들. 모든 성자들의 이름이 올라있는 러시아 교회의 달력에도 없는 괴상한 러시아 이름들은 시대정신의 영감을 받은 아버지가 아이들에게 지어준 것"• 이라며 이 같은 이름들의 근원은 소비에트 애국주의와 공산당 이데올로기라고 러시아의 작가 아나톨리 김은 이런 명명들을 소개하고 있다.

내용인즉, 귀여운 두 딸의 이름 '제야'와 '부레야'는 혁명과 내전기간 동안 유격대 활동이 벌어졌던 시베리아 극동지역에 있는 두 개의 큰 강 이름이다. 제야강과 부레야강은 아무르강과 합류한다. 아나톨리 김의 설명에 따르면 '베미소르(Vemisor)'라는 이름은 '위대한 세계 사회주의혁명'(Velikaja Mirovaja Sotsial'icheskaja Revolutsija) 약자였다. 어느 고려인 집안에서는 혁명(Revolutsija)이란 단어를 레보(Revo)와 류치야(Lutsija)라고 둘로 나누어 이름을 지었다. 첫째 아이를 기다리던 젊은 아버지는 득남할 것으로 생각하고 아이의 이름을 미리 '레보'라고 지어두었다. 아들 다음 차례가 딸일 것으로 확신했나 보았다. 미래에 태어날 딸의 이름은 '류치야'였던 것이다. 만사가 제대로 이루어졌다면 아들과 딸이 태어나면서 정말로 한 집안의 '혁명'이 일어날 뻔했다. 그런데 가장

• '아나톨리 김, 김현택 옮김, 《초원, 내 푸른 영혼》, 뿌쉬낀하우스, 2011.

의 기대와는 달리 딸 뿐이었고, '레보'는 불발로 그치고 말았다. 성 중에도 '옥차브리스키'(10월)를 의미하는 것이 있다. 1917년 사회주의 혁명을 의미하는 시대적인 산물들이다.

시베리아는 유형의 땅이었다. 역사 상 유명한 1825년 '데카브리스트 봉기'에 참여했던 많은 귀족들이 '이르쿠츠크', '치타' 같은 곳으로 유배를 갔다. 도스토예프스키도 역시 시베리아로 유형을 떠났다. 실제 시베리아의 기반 시설들 중 많은 곳이 유형수들의 노역으로 건설되었다. 그 중에서도 사할린은 러시아인에게는 멀고 먼 유형의 땅이었다. 사할린 사람들은 지금까지 시베리아를 포함한 대륙을 '큰 땅'이라 부른다. 대륙의 시베리아조차 사할린 유형수들에게는 고향과 가까운 곳으로 인식되었던 모양이다.

러시아의 이름들도 종종 유형에 처해지는 경우가 있었다.

안톤 체호프는 그 먼 유형의 땅인 사할린에 직접 들어가 3개월가량 머무르며 죄수들에 대한 기록을 남겼다. 체호프의 그 《사할린 섬》• 에는 서류에 등록된 죄수의 이름들 중 특이한 것들을 소개하고 있다.

대부분 인격을 담아 부를 수 없는 이름들이다. '쉬칸드이바'(절룩발이). 아마도 다리를 절었나 보았다. '젤루도크'(위장)란 이름은 늘 속이 아프다고 배를 움켜쥐던 유형수가 아니었을까. 또 '제바카'(하품하는 사

• 안톤 체호프, 배대화 옮김, 《사할린 섬》,; Антон Чехов, *Остров Сахалин*, СПБ., 2012.

람)란 이름도 있다. 세상의 끝으로 끌려와 넋이 나간 모습이었는지도 모른다. 억압적인 힘에 의해 붙여진 이름들. 관리나 간수들이 함부로 불러대다가 서류에 그대로 올렸을 이름들. '베즈보즈느이'(무신론자)란 성도 있었다. 세상 끝으로 몰린 자기 삶 앞에 무슨 신이 있단 말인가. 신이 있다면 그 같이 가혹한 처사를 했을까. 그런 생각으로 수용소 관리가 묻는 말에 쓴웃음을 입가에 흘리며 밝혔을 듯한 성씨, '베즈보즈느이'.

유달리 눈에 띄는 점은 자기의 성씨를 모르는 사람들도 꽤 된다는 거였다. 그래서 러시아어로 '녜포므니츠(기억이 안 난다)'라는 동사에서 파생시킨 야릇한 성들이 탄생했다. 관리가 그 죄수들의 성을 물었을 때 그들의 답은 '기억이 안 난다'는 '녜포므니츠'였고, 문서에 그 발음을 그대로 기입했나 보았다.

체호프가 기록한 사할린 유형수들의 성에는 남자의 경우 '녜포므냐쉬이', 여자는 '녜포므나샤야'가 많았다. 이반 녜포므냐쉬이, 나탈리야 녜포므나샤야 등이다.

이름, 부칭, 성의 형식으로 채워 넣어야 하는 러시아 명명은 사할린 유형수에게 다음과 같은 이름을 탄생시켰다. 체호프의 책에 따르면 '첼로베크 녜이즈베스노보 나즈바니야'(어떻게 부르는지 알려지지 않은 인간)를 그대로 러시아식 이름으로 사용하고 있었다.

클레쉬

러시아의 가로수길이나 공원에 자리한 수목 둥치 밑에는 하얀 페인트칠이 되어 있다. 시베리아에서도 마찬가지이다. 나중에 알고 보니 '클레쉬'라는 진드기나 해충이 나무로 기어오르는 것을 막으려 칠해 놓은 약품이다.

클레쉬는 거미 모양을 한 것도 있고 노린재 비슷한 모양도 있다. 그것은 살을 파고든다. 특히 머릿속에 들어가 박히면 뇌염모기에 물렸을 때처럼 목숨을 잃거나 평생 심한 장애에 시달린다고 들었다.

시베리아를 다닐 때 이 클레쉬가 적잖게 두려웠었다. 공원에서 지친 몸을 쉬며 지나다니는 행인들을 여유롭게 바라보다가 문득 바로 등 뒤에 있는 나무에 깜짝 놀라 재빨리 자리를 뜨곤 했다. 야영을 할 때는 더 그랬다. 거기에는 약품 칠을 한 나무들도 없다. 숲 속에 들어갈 때도 바짝 옷깃을 세우거나 목에 수건을 감곤 했다. 다행히도 이 클레쉬가 왕성하게 활동하는 5월에서 6월까지만 조심하면 괜찮다는 러시아 사람

클레쉬 같은 해충이 나무 위로 올라가지 못하게 약을 칠한 나무

들의 말을 듣고 어느 정도 안도감에 젖었다. 그래도 마음 한 구석에 찜찜함이 남아 있었다.

그 날도 햇살을 피해 시베리아의 숲 속 나무 밑에 앉아 있었다. 갑자기 목 주위로 뭔가 스멀스멀 기어가는 것만 같았다. 목덜미를 손바닥으로 훑어 내리며 후다닥 자리에서 벗어났다. 강한 햇살이 눈을 파고들었다. 7월 말로 접어든 때라 러시아 사람들의 말에 따르면 클레쉬가 활동할 시기가 아닐 것이었다. 그래도 한 동안 걱정스러운 표정으로 계속 목덜미를 손바닥으로 비벼댔다. 문득 클레쉬가 위대한 세계명작을 탄생시키는데 어느 정도 일조하지 않았을까 그런 생각을 했다. 다름 아닌 도스토예프스키의《죄와 벌》이었다.

도스토예프스키도 시베리아에서 유형 생활을 할 때 이 클레쉬에 물린 적이 있을까. 아니면 물렸다는 착각에 빠진 적이 있을까. 그도 클레쉬의 위력을 너무도 알고 있지 않았을까.

《죄와 벌》의 마지막 부분인 에필로그에는 주인공 라스콜리니코프의 꿈이 등장한다. 그 꿈에서 본 어떤 전염병에 대한 묘사를 간추리면 다음과 같다.

> "전 세계로 퍼져 나가는 전염병이 인류를 위협하고 있었다. 현미경으로나 볼 수 있는 이 섬모충은 사람들의 몸속에 파고들어 기생한다. 그런데 이 섬모충은 지성과 의지를 부여받은 영적인 존재다. 여기에 감염된 사람들은 어떤 확신에 사로잡히고 만다. 감염된 이들 각자는 자신의

판단, 자신들이 과학적으로 추론한 결론, 자신들의 도덕적 신념만이 진리라고 생각한다. 그렇기에 감염된 다른 이들의 사상 따위는 척결해야 하는 것이다. 온 마을이, 온 도시가 이 섬모충에 감염되어 서로를 파괴하면서 미쳐갔다."

도스토예프스키

세상의 종말을 가져 올 것 같은 라스콜리니코프의 꿈은 그를 움켜쥐었던 '초인사상'에서 벗어나게 하는 계기가 된다.

혹 라스콜리니코프의 꿈속에다 묘사한 섬모충은 저 클레쉬에서 영감을 받지 않았을까.

데르수 우잘라 I

시베리아 땅에 발을 들여놓기 훨씬 전에 그 괴상한 이름을 만났다.

"혹시 데르수 우잘라에 대해 들어보셨어요?"

"그게 어딥니까?"

지명인 것 같아 별 생각 없이 되묻고는 답을 기다리는 중에 내게 질문을 던졌던 이는 슬그머니 웃음을 머금는다.

"아, 그게 지명이 아니라…… 사람 이름입니다."

데르수 우잘라

원주민 복장의 아르세니예프

'데르수 우잘라'는 아무르강을 따라 넓게 분포해 살던 나나이족 중 하나인 강 골디 사람 이름이다.

19C에서 20C초 연해주의 시호테알린 산맥을 비롯해 우수리 지방의 타이가에서 사냥을 하던 평범한 원주민이 그렇게 찾아왔다. 그

가 그렇게 유명세를 타게 된 것은 러시아 작가이자 민족지학자인 아르세니예프 덕분이었다.

아르세니예프는 시호테알린 산맥 일대를 측량하고 조사하는 임무를 맡고 있었다. 그 중 두 번은 데르수의 도움으로 조사를 했고, 그 과정을 담은 동행기가 잘 알려진 작품《데르수 우잘라》이다. 이 작품은 구로사와 아키라 감독이 같은 제목의 영화로 제작해 세계에 이 원주민의 이름을 널리 알렸다.

시베리아의 하바롭스크 지방과 연해주에서 아르세니예프와 데르수 우잘라는 유명인사다. 이들의 이름을 대면 모르는 사람이 없다.

데르수가 아르세니예프를 사로잡은 건 자연인으로서의 순수함이다. 인간을 비롯한 지상에 존재하는 모든 것들에 대한 예의와 경외감. 그를 둘러싼 세상은 전부 살아 움직인다. 자신이 늘 숲을 헤치며 들고 다니는 지팡이, 그리고 모닥불, 타다 만 장작, 동물들을 모두 '사람'이라 칭하는 데르수. 물건에도 이런 칭호를 붙인다. 그에게 있어 세상의 모든 것은 모두 사람으로, 자신과 동등한 대상이다. 어쩌면 문명이라는 이름을 내세워 그런 데르수의 세계관을 '야만', '미개' 따위의 단어로 폄하하는 사람들도 있을지 모른다.

《데르수 우잘라》•를 읽거나 영화로 볼 때마다 가슴 한 쪽이 싸해진다. 우리가 잃어버린, 그래서 다시 찾지 못할 것 같은 언젠가 우리들 각자의 마음속에 있었던 것을 데르수는 문명인이 보기에 우스꽝스럽

• 블라디미르 아르세니예프, 김욱 옮김, 《데르수 우잘라》, 갈라파고스, 2005.: Арсеньев, В. К. *Дерсу Узала,. Сквозь тайгу*, М., 1989.

기까지 한 행동으로 일깨운다. 인간에 대한 존중, 타이가 속에 사는 동물에 대한 예의, 그리고 우리가 신봉하는 문명에 대한 비판. 시베리아 하면 수식어처럼 따라다니는 '태초의 원시' 상태 속의 인간이 자연의 한 부분임을 알려주는 그런 그의 행동. 거기에는 어떤 정치적이거나 집단적인 것이 없다. 인류가 자신을 정당화시키기 위해 만들어 놓은 문명의 장치 같은 게 없는 것이다. 좀 과한 표현이지만 이 야만의 사냥꾼을 혹자는 성인이라 칭하기까지 한다. 그래서일까. 이 작품이, 그들의 이름이 지금도 사람들의 입에 오르내린다.

아르세니예프가 데르수와 한참 떨어져 있다가 재회할 때 그로부터 들은 일화는 곰곰 생각에 젖게 만든다. 데르수는 흑담비를 많이 잡아 돈을 벌었고, 그 이야기를 우연히 알게 된 사업가에게 했다. 그 사업가는 데르수를 술집에 데려가 만취하게 만들고 흑담비를 판 돈을 자기가 보관해주겠다는 제안을 한다. 아마도 독자분들께서는 이 에피소드가 어떻게 끝날지 다 아실 것이다. 여러분들 짐작대로 잠에서 깬 데르수는 그 사업가가 자신의 돈을 훔쳐 달아난 것을 알게 된다. 데르수를 슬프게 만든 것은 돈이 아니라 왜 그런 짓을 하는가였다. 그의 종족은(아마도 시베리아 원주민들이 이렇게 살았을 것이다.) 어떤 경우에도 타인이 사냥한 모피나 돈을 훔치는 일이 없었기에 데르수는 혼란에 빠지고 만 것이다.

맨 앞이 아르세니예프, 두번째가 데르수

아르세니예프 일행과 탐사를 나섰을 때 데르수는 큰 사슴을 잡는다. 그들이 머물고 있는 곳 가까이에는 구신도(러시아가 종교개혁을 단행하자 박해를 피해 시베리아의 깊은 오지로 숨어든 사람들)들과 중국인들이 오두막에서 살고 있었다. 데르수는 잡아온 사슴을 삼등분해서 자기가 속한 아르세니예프 일행에 한 덩어리, 구신도들에게 한 덩어리, 그리고 중국인들에게 한 덩어리씩 공평하게 배분한다. 그의 일행인 러시아인들은 그런 분배에 불만을 갖지만 그들을 향한 데르수의 일갈. "혼자 먹는 것은 나빠. 그럼 다음에 사슴을 잡을 수가 없지." 원시 공산주의를 몸소 실천하는 데르수에게 민족이나 문명화된 종교는 중요치 않다. 사냥한 것을 주위와 나누는 게 그의 원칙이다.

아르세니예프는 데르수의 정신 세계에 점점 빠져 들고, 그와 깊은 우정을 나눈다. '문명'과 '태초의 원시'가 함께 어울려 만들어 낸 세상. 그것이 《데르수 우잘라》의 세계이다. 그 속에서 문명과 이기의 의미가 뭘까 되묻지 않을 수 없다.

데르수는 어느 날, 원주민들에게 신격인 호랑이를 쏘게 된다. 일행의 주위를 맴돌던 호랑이를 멀리 쫓아 보내려 했던 것이다. 그런데 데르수는 자기가 쏜 총알이 호랑이를 명중시켰다고 괴로워한다. 급기야는 눈이 침침해지기 시작한다. 사냥꾼에게 있어 눈이 흐려진다면 끝이다. 더 이상 타이가에서 살 수가 없는 것이다. 이게 다 '암바'라는 호랑이 신이 노해 벌어진

아르세니예프의 책 《데르수 우잘라》

블라디보스토크 한 공원 벽에 그려놓은 데르수 우잘라

일이라고 굳게 믿는다. 결국 데르수는 아르세니예프를 따라 하바롭스크로 가게 된다.

여기서 데르수가 만나게 되는 괴상한 모습의 문명. 한 번도 그가 돈을 주고 사보지 않은 장작을 돈을 주고 사야 하는 모습에 분개하고, 또 물을 사서 먹어야 하는 그런 도시의 삶에 견딜 수 없어 한다. 아무르강에 넘치는 물, 그 물을 떠다가 파는 물장수는 강에게 아무 것도 지불하지 않는데 왜 돈을 내느냐는 데르수의 항변.

도시 생활에 적응을 못하던 그는 어느 날 아르세니예프가 선물한 최신식 총을 들고 숲으로 떠난다. 그리고 며칠 뒤 사체로 발견된다. 그의 돈과 총을 탐낸 누군가의 소행, 타이가에서는 절대 벌어질 수 없는 그런 탐욕이 데르수를 데려간 것이다. 1908년의 일이었다.

아직도 데르수의 흔적을 시베리아 곳곳에서 만난다. 그때면 가슴 속에 아주 자그맣게 남아 아물거리는 뭔가를 더듬게 된다.

데르수 우잘라 2

데르수 우잘라의 자취를 찾아 나서기로 했다.

우리를 연해주 깊숙한 타이가로 직접 안내한 사람도 다름 아닌 데르수 우잘라였다.

특별한 목적 같은 것은 없었다. 다만 아르세니예프가 자신의 작품《데르수 우잘라》에서 그린 100여년 전 그 세계가 지금은 어떻게 변했는지 알고 싶었다.

그 타이가 속의 '타즈', '우데게' 같은 소수민족들의 삶, 그리고 데르수가 갖고 있던 그 순수한 영혼같은 것들을 혹 만날 수 있을까 찾아

미하일로프카 들어가는 길

나서기로 했던 것이다. 사륜구동 자동차를 동해항에서 선적하여 블라디보스토크로 가져갔다. 우리의 길은 블라디보스토크에서 나호트카, 그리고 시호테알린산맥을 따라 북쪽으로 올라가 올가만, 테르느이만을 거쳐 연해주의 깊숙한 곳에 있는 비킨강을 따라 가는 것이었다. 아르세니예프가 데르수와 함께 헤쳐 나갔던 여정의 일부였다.

문명인인 우리 일행을 이끈 이는 시베리아를 잘 아는 고려인 3세였다. 이미 그는 노인이었지만 타이가에서는 훨씬 젊은 우리 몇 명의 몫을 해내리라 믿었고, 실제 그랬다. 우리는 그를 데르수라고 불렀다. 그런데 21세기 데르수는 한 세기 전 데르수의 흔적을 찾아 헤매는 우리의 바람을 딱 잘라 버렸다.

"이제 그런 거 없어요!"

타즈가 많이 살고 있다는 산골마을인 미하일로프카로 갔다. 타즈는 극동 원주민과 중국인 사이의 혼혈인 종족이다. 19C 말 우데게족이나 인근 다른 종족의 여자들을 중국인들이 많이 사들이거나 뺏거나 하는 상황들은 아르세니예프가 쓴 《데르수 우잘라》에 잘 나타난다.

미하일로프카의 가게 '그란드'

가는 길은 험했다. 숲 속 비포장 다리를 건너고 조그만 강 위에 걸쳐진 목조다리를 건너자 골짜기를 따라 슬레이트 지붕을 얹은 목조집들이 뜨문뜨문 자리했다.

달린느이 쿠트로 들어가기 위해 바지선에 차를 싣고 있다

"없어요!"

또 없단다. 정말 그 마을에는 타즈가 없었다. 마을 구멍가게에 들어갔다 온 우리 데르수의 말이었다. 그의 얼굴은 '내가 뭐랬냐'는 표정이었다. 러시아인들이 대부분이었고, 나이 먹은 노인이 있긴 한데 지금 도시 병원에 가 며칠 있다가 온다는 말만 들었다고 했다. 가게 간판에는 '그란드'라고 적혀 있었다. 우리가 잘 아는 그랜드. '웅장'이나 '장엄'의 뜻을 머금은 그 단어. 가게 몰골과는 너무도 거리가 멀었다. 쏟아져 내리는 강한 햇살과 실망감에 젖어버린 우리는 지쳐갔다. 이곳까지 오며 쓴 경비와 고생한 것에 비해 건진 게 없다는 허탈감에 다리가 풀렸다. 세워둔 차를 향해 터덜터덜 걸었다.

이번에는 우데게를 찾아 나섰다. 우리의 데르수 말로는 '달린느이 쿠트'라는 곳에 우데게 족이 많이 산다는 것이었다. 우리의 희망은 다시 푸른색으로 바뀌었다. 물속에서 다슬기가 새카맣게 서식하는 깨끗

달린느이 쿠트 · 마을 전경

한 강이 눈앞에 놓여 있었다. 싱그러웠다. 차를 바지선에 옮겨 싣고 강을 건넜다. 벽촌의 집들이 이따금 들어왔다.

"없대요!"

우리가 만나고자 했던, 그들의 풍속과 문화 따위를 엿볼 수 있는 기대도 스러져 내렸다. 다만 우데게족과 러시아인 사이에서 태어난 중년의 여인이 집안으로 우리를 초대했다. 문가의 조그만 화단에 초록색의 화초들이 반짝였다. 자세히 보니 녹색의 페트병을 세로로 갈라 마치 살아있는 식물처럼 화단에 꽂아 두었다. 솜씨가 좋았다. 자연을 지나칠 정도로 만끽할 수 있는 시베리아의 오지에서 인공의 페트병으로 꾸민 화단.

그렇게 달린느이 쿠트에선 더 이상 우데게족을 만나지 못했다. 그 먼 길을 왔는데 또 그냥 나가자는 것이냐며, 마을을 더 살펴보자고 해도 우리의 데르수는 완강했다.

달린느이 쿠트 · 페트로 만든 화초

"소용 없대두! 바지선이 일할 때 나가야 해요!"

맥없이 걷는 우리를 향해 서두르라고 그가 다시 소리를 질렀다. 뒤 따라오는 데르수의 다음 말.

"근데 그런 거 찾아서 뭐해요?"

데르수 우잘라 3

시호테알린 산맥, 비킨강, 우수리강 같은 러시아 극동지역의 지명들이 데르수 우잘라를 따라 다닌다. 그의 활동 무대이기도 했다. 거기서 먼 이역. 그러니까 몇천 킬로미터나 떨어진, 비행기를 타고도 한참을 날아야 하는 알타이 지역에서 데르수 우잘라를 다시 만났다.

알타이 변강주의 주도 바르나울의 주말장터에서였다. 바르나울 국립극장 앞 분수 주변에는 주말에 골통품을 풀어 놓은 상인들이 빼곡하게 좌판을 펼쳐 놓았다. 헌책을 늘어놓은 좌판이 눈에 들어와 다가갔다. 아르세니예프의 책《데르수 우잘라》가 있었다. 상태도 깨끗했고, 그려 넣은 삽화들이 정감스러웠다. 커피 한 잔 값의 그 책을 얼른 집어 들었다.

그렇게 데르수 우잘라를 넣고 먼 여정을 시작했다. 바르나울에서 하카시아 공화국 수도 아바칸으로 가는 15시간 가량의 기차 여행 중 그 책을 펼쳐봤다. 블라디보스토크에서 시작한 여행이었는데 참 멀리 왔다는 느낌이 낯선 풍경들 위로 어른댔다. 그런데 데르수의 흔적은 그게 다가 아니었다.

영화에서 데르수 우잘라 역을 한 배우 막심 문주크

키질의 투바국립극장

투바공화국의 수도 키질의 국립극장 안에서였다. 내 투바여행을 도와주던 국립극장 부원장이 극장 이곳저곳을 안내할 때였다. 극장의 기획전시물로 꾸밀 때 연출을 담당하며 미니어처를 만드는 예술가의 방에 들어섰다. 다양한 건물 미니어처와 그 속을 꾸밀 소품들이 화려한 색을 입고 줄에 널려 있었다. 그런데 그 줄 중간쯤에 데르수 우잘라가 있었다.

생전에 데르수 우잘라는 실제 아르세니예프와 함께 사진을 찍었고, 그 사진이 블라디보스토크 아르세니예프 박물관에 전시되어 있었다. 두건을 뒤집어쓰고 배낭과 총을 든 그의 생전의 사진. 그래서 구로사와 아키라 감독이 만든 영화 〈데르수 우잘라〉에서 데르수 역할을 맡은 배우는 사진 속 데르수와 얼굴과 체형이 비슷했고, 사진을 바탕으로 한 복장을 했다. 그게 이미지로 남은 데르수였다.

줄에 걸려 있는 우편엽서 크기의 사진 속에 데르수가 있었다.

"어? 왜 여기에 데르수 우잘라가 있어요?"

의아했다.

"모르셨군요? 영화 속 데르수는 투바 사람이고, 이 극장 소속 배우였어요. 투바 영화계의 영웅이지요. 그의 아내, 딸도 배우예요."

투바국립극장 벽에는 투바의 연극, 영화계의 거장들의 사진이 일렬로 걸려 있었다. 그 사진 속에 데르수 우잘라역을 했던 '막심 문주크'의 흑백 얼굴이 크게 확대되어 있었다.

투바국립극장에서 그림으로 만난 영화 속 <데르수 우잘라>

그렇게 투바에서 다시 데르수의 흔적을 더듬고 있었다.

Ⅱ. 알타이, 그리고 예니세이

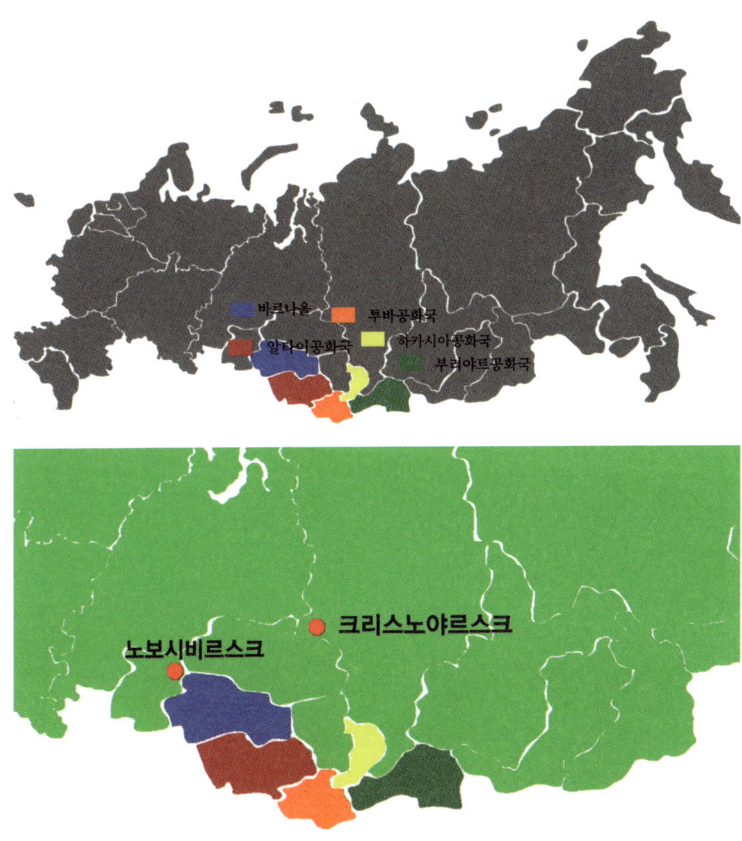

지도 : 알타이, 투바, 하카시아, 바르나울, 노보시비르스크

노보시비르스크 중앙

오브강변에 자리한 노보시비르스크는 인구가 100만이 넘고 지하철이 다니는, 시베리아에서 가장 큰 도시이다. 러시아의 대부분의 도시가 그렇듯, 노보시비르스크 시 중앙 광장에는 레닌이 서 있다. 만일 누군가 시베리아의 도시에 들렀을 때 어디가 중심가인지 모른다면 레닌 동상을 찾으면 된다. 레닌동상이 위치한 그곳이 바로 중심이다. 그 곁의 중앙호텔에 숙소를 잡았다. 호텔 문 밖으로 나와 고개를 빠끔히 내밀면 레닌이 눈에 들어온다. 그곳 둘레를 몇 분 걷다보면 시의 중심을 다 볼 수 있다. 박물관, 서점, 그리고 레스토랑, 예배당 등등.

중앙에서 몇 갈래 갈라지는 길이 있는데 그 중 하나가 고리키 거

서점 '자본론'

서점 '자본론'의 조형물

리다. 그 초입에 눈길을 끄는 조형물이 눈에 들어온다. 갈피가 펼쳐진 청동으로 만든 커다란 책이 건물 벽에 매달려 있다. 그 조형물과 러시아 작가 고리키를 기리는 도로명. 그 청동의 책 위에 쓰여진 게 무슨 내용일까 앞으로 다가간다. 서점을 알리는 그 청동의 페이지 위에 '자본론'이라 적혀 있다. 마르크스의 《자본론》일 터. 책방 이름도 '캐피탈'이었다. 러시아어 표기는 1917년 사회주의 혁명 이전의 표기법을 따르고 있었다.

레닌과 마르크스. 그들의 시대는 끝났다고 외치는 사람들도 많지만 우람하게 서 있는 레닌동상과 마르크스의 저작물은 다시 무언가를 일깨우는 것 같기만 하다.

대체 《자본론》을 앞세운 그 서점이 어떤지 들어가 보았다. 이층으로 된 대형서점이다. 다양한 책 코너들이 늘어서 있다. 일층의 큰 부분을 차지한 문구류와 기념품, 그리고 값 비싼 장식물들이 눈에 들어온다. 정말 '자본'을 앞세운 듯하다. 물건 앞에 붙여 놓은 가격을 보며 고개를 절레절레 하다 밖으로 나왔다. 다시 마르크스의 《자본론》을 올려본다. 그리고 길을 건넌다.

노보시비르스크 시내 한가운데 있는 러시아 정교 기도소

그 때 누군가 내 앞에 전단지를 불쑥 내민다. 광고지를 보니 레스토랑에서 저렴한 점심 특선을 마련했다는 내용이다. 광고지를 돌리는 청바지 차림의 청년은 대학생쯤으로 보인다. '알바'를 하는 모양이다. 몇 발짝 떼자 이번엔 다른 광고지가 내 앞에 내밀어진다. 이번에는 젊은 아가씨다. 스마트폰 광고지. 몇 걸음 걷는 동안 내가 받은 광고지가 다섯 장

노보시비르스크 시내. 시의 상징인 흑담비 조형물

이다. 바로 옆의 'KFC' 매장 안은 자리가 거의 꽉 차있다. 정말 글로벌한 '자본'의 시대이다. 저만치에 있는 그 청동의 《자본론》과 '자본'이 만들어 놓은 그 대형서점이 다시 눈에 들어온다.

그 날 나는 한 잠을 못 잤다. 그 '중앙'의 위력을 망각하고 숙소를, 더구나 '중앙호텔'이라는 곳에 짐을 풀었으니 그쯤은 각오했어야 했는데 그것까지는 계산을 못했다. 더구나 '불금'이었다. 이층 내 방 창문 앞은 밤새워 영업하는 카페였다. 그 앞으로 지나치는 자동차들 소리, 오토바이 소리가 굉음으로 울려왔다. 카페에 자리를 맡지 못한 젊은이들은 쿵쾅대는 음악을 튼 자동차 속에서 받아온 술과 안주를 먹으며 주체 못하는 소리를 질러댔다. 그런 것들이 밤새 호텔 방 안을 꽉 메웠다.

이름과는 달리 내 나이와 비슷한 중앙호텔은 그런 소음을 막아내기에는 너무 노쇠했다. '자본'의 힘이 필요한 곳이었다.

퀭한 눈으로 뒤척이다 새벽 6시쯤 밖으로 나왔다. 아직도 몇 명의

노보시비르스크역

취한 젊은이들이 맥주잔을 앞에 놓고 있다. 이제 문을 닫을 시간인지 종업원이 그들에게 자리를 비워달라고 부탁하는 중이었다.

그렇게 밤새 '자본'이 휩쓸고 간 그 거리는 잠시 휑한 상태가 되고 있었다. 나는 비척대며 방으로 들어왔다. 잠시라도 눈을 붙여야 했다. '자본'의 힘이 도달하기 전에.

탱크 위의 소녀

알타이로 들어가는 길목, '알타이 변강주'의 주도(州都)가 '바르나울'이다. '알타이'라는 지명과 관계한 장승이나 서낭당 같은 것을 그리던 나는 여느 러시아 도시를 만났다. 레닌동상과 참전했다가 전사한 이들을 기리며 일 년 내내 꺼지지 않는 '영원의 불꽃', 그리고 도시 곳곳에 기념물로 전시된 구형 탱크를 보았다.

그 탱크의 포신 반대쪽으로 멀티플렉스와 KFC 매장이 들어선 건물이 있다. 영화관과 KFC매장은 코스처럼 보였다. 영화관의 한 상영관에서는 월트디즈니사의 만화영화가 상영되는 중이었다. 부모의 손을 붙잡은 아이들이 연신 들락거린다.

오후 1시쯤 점심을 때울 때였다. 열 살이나 되었을까 반바지 차림의 한 러시아 여자아이가 뙤약볕에 뜨겁게 달궈진 탱크 위로 기어 올라가고 있었다. 위태위태해 보였다. 나는 조마조마하며 그 아이에게서 눈을 떼지 못했다.

바르나울 시내 풍경

탱크 위의 소녀

아이는 꽤 능숙하게 오르고 있었다. 아이의 손과 발은 밟고 오를 탱크 구석구석을 찾아냈다. 마침내 제 키 높이의 세 배나 되는 포신 옆에 자리를 잡고 앉았다. 나는 매장 안을 급하게 둘러보았다. 여자 아이의 부모가 저 모습을 본다면 얼른 밑으로 내려오게 하지 않을까? 그런 기다림은 소용이 없었다.

왜 내 눈에 여자 아이의 옷차림이 남루하다고 비추어졌을까. 아이는 십여 분 동안 탱크 위에 앉아 있었다. 그 동안 영화관으로 드나드는 아이들을 물끄러미 바라보고 있는 것 같았다. 한참을 그러다가 캐터필러를 밟고 탱크가 올려진 좌대로 내려왔다. 그제야 나는 한숨을 내쉬었다.

내 눈길은 멀티플렉스 건물 앞에 설치된 신호등으로 향했다. 여자 아이는 혼자 길을 건너고 있었다. 그제야 나는 그 아이가 탱크 위에 올라가는 익숙한 솜씨를 알아챘다. 집이 근처인 것 같았다. 여름방학이

바르나울의 한 멀티플렉스

었다. 심심하면 소녀는 혼자 이리로 자주 온 모양 같았다. 탱크 위에서 영화관과 KFC 매장을 들락거리는 또래의 아이들을 보곤 하는 것은 아닐까. 여자 아이는 어느 새 차도를 건너 골목으로 사라졌다.

그 아이가 사라진 탱크 위에 어린 시절의 내 잔상이 어른댔다. 한참 걸어가야 나오던 서커스장, 입장료가 없어 천막 주위만 빙빙 휘돌던 일. 정말 많은 아이들이 봤다고 자랑하던 만화영화가 상영되는 극장 매표구를 서성대며 극장 간판만 쳐다보던 일.

나는 바르나울에서 하루를 더 있어야 했다. 다음 날 그 시간쯤 KFC 매장에 다시 앉았다. 문득 그 소녀가 또 오지 않을까 궁금해졌다. 창 밖 신호등 쪽으로 몇 차례나 시선을 돌렸다. 그렇게 한참을 그곳에 앉아 그 여자아이를 기다리고 있었다. 사이사이 내 유년이 어른댔다.

고르노-알타이스크의 어떤 기록사진

시베리아의 인구로 볼 때 대다수를 차지하는 게 러시아인이다. 그래도 엔간한 도시면 다 있는 향토박물관에는 그곳 원주민들의 예전 삶을 엿볼 수 있는 전시물들로 채워져 있었다. 시베리아 전역에 퍼져 있는 샤머니즘을 소개하는 전시실은 꼭 있었다. 여러 민족의 샤먼들이 시베리아 특유의 둥근 북을 들고 서 있는 형상과 무구들이 대표적인 전시물이었다. 또 원주민들의 민족의상과 생활도구 등이 곁들여져 향토박물관을 채웠다. 그런데 몇 년 지나 다시 둘러 본 여러 향토박물관들의 전시물들이 많이 바뀌었다.

러시아에 의해 시베리아의 도시들이 건설될 때부터 소련시기의 기록사진, 갖가지 포스터들과 러시아식 생활용품, 전쟁 때 사용하던 도구 등을 배치한 전시실이 늘어나고 있는 것이다. 러시아 정교와 관련한 전시실도 더해지고 있다. 아마 시간이 흐르면 원주민의 생활상을 담은 전시실들은, 자꾸 감소되는 원주민의 수처럼, 축소될 것 같은 느낌을 지울 수 없다.

그런 가운데 알타이공화국의 수도 고르노-알타이스크의 기록사진 하나가 눈에 띄었다.

그곳에 여객기가 처음 취항할 무렵 같았다. 비행기 트랙을 내려오면 활주로였다.

1980년대 고르노-알타이스크 공항

비행기에서 내린 사진 속 알타이 여인은 도시풍의 멋진 원피스를 입었다. 그녀를 마중 나온 남자는 '보룩'이라는 알타이 전통 모자를 쓰고 입은 복장도 알타이식이었다. 얼굴로 미루어 부녀 사이 같았다. 남자의 양 손에는 줄이 길게 늘어져 있었다. 그 줄은 뒤쪽에서 따라오는 하얀 말로 이어졌다. 줄은 말고삐였던 것이다. 말을 타고 공항으로 마중 나온 알타이 풍경.

내내 머릿속에 남아있었다. 그들이, 특히 양장을 하고 치마를 입은 그 여인이 어떻게 그 남자와 함께 집으로 갔을지 여러 상상을 해봤다.

알타이의 색

샤머니즘의 본산으로 알려진 시베리아 전역에서 볼 수 있는 게 오방색이다. 인류학적으로 다시 세분화시킬 필요가 있지만, 통칭 알타이어족으로 부르는 여러 민족들이 숭상하고 즐겨 쓰는 색이라고 해도 과언이 아닐 듯하다. 빨강, 파랑, 초록, 노랑, 하양. 사전에 나와 있는 오방색 개념과는 조금 다르다. 검정대신 초록이 들어간다. 하지만 우리에게도 낯익은 색이다.

부리야트의 잘라마. 바이칼 올혼섬

고갯마루를 넘을 때면 다섯 색을 한 잘라마가 나뭇가지에 달려 있다. 시베리아 벌판을 달리다가도 심심치 않게 이 색들을 만난다.

황금을 뜻하는 알타이라는 명칭을 그대로 쓰고 있는 알타이공화국에 갔을 때였다. 고르노-알타이스크의 박물관에 전시해 놓은 서낭당의 잘라마의 색들도, 또 도심을 벗어난 고갯마루에 서 있는 기둥에 묶인 잘라마들의 색들도 낯설었다. 뭔가 빠진 것 같았다. 강렬함이 없는 것이다. 다섯 색으로 이루어졌어야 할 천들의 빛깔에 빨간 색이 없었다.

알타이공화국에서 쓰는 색은 네가지 색이었다. 하양, 노랑, 초록, 그리고 파랑 대신 코발트색을 사용하고 있었다.

알타이의 잘라마, 시베리아의 다른 지역과 달리 붉은 색이 들어가지 않는다.

빨간색과 검은 색은 절대 쓰면 안 된다고 했다.

그 까닭을 미처 묻지 못했다. 다만 이 색들이 알타이인들의 정신세계에서 지하의 영역을 나타내는 건 아닐까, 그 안의 나쁜 영들이 지배하는 색이 아닐까, 그런 추측만 했다.

그런데 바로 옆 하카시아공화국에서는 빨간색이 좋은 의미였다. 건강을 상징하는 색이 빨간색이라고 했다.

낙타의 눈물

고비사막과 접한 알타이지역에 유목민의 게르가 보인다. 그 옆에서 새끼를 낳으려고 안간힘을 쓰는 어미낙타. 새끼는 좀처럼 세상으로 나오려 하지 않는다. 할 수 없이 유목민들이 힘을 보태 겨우 새끼를 꺼낸다. 난산이다.

너무 힘들었던 탓일까. 초원의 어미 낙타는 도무지 새끼에게 젖을 먹이려 들지 않았다. 바람이 쌩쌩 몰아치는 황량한 초원. 분명 뭔가 잘못 됐지, 그럴 리가 없다며 다시 머리를 젖무덤으로 다급히 들이미는 새끼. 어미 낙타는 또 새끼를 모른 척 뿌리친다. 그리고는 풀밭 위를 훑는 바람을 따라 넋을 놓고 허청허청 걸어간다. 새끼는 어쩔 줄 모르며 어미를 허둥허둥 따라간다. 넋이 나간 어미의 눈에 새끼는 들어오지 않는다. 흙바람이 매몰차게 이들을 뒤덮는다. 어미 낙타의 그런 행동에 침을 꿀떡 삼킨다. 이제 새끼는 어쩌란 말인가. 멀리 높게 솟은 알타이의 산맥들이 을씨년스럽게 펼쳐진다.

낙타를 돌보는 유목민

어미 낙타를 바라보는 얼굴에 수심이 그득한 유목민. 그는 얼른 임시방편으로 어미에게서 짜낸 젖을 담은 젖병을 새끼한테 물린다. 새끼는 어미 것이 아닌 인공의 젖꼭지를 허겁지겁 빨고 있다. 저렇게 하면 새끼 낙타는 죽지는 않을 것이었다. 마음이 좀 놓인다. 유목민은 그게 아니다. 안절부절못하고 있다.

잠시 뒤 어미 낙타를 다시 끌고 왔다. 그리고 유목민 전통복장을 한 남자가 마두금을 들고 나타났다. 어미 낙타를 앞에 두고 악사가 마두금을 타며 슬픈 곡의 노래를 부른다. 바람을 따라 멀리까지 울려 퍼지는 선율. 그때였다. 어미 낙타의 눈에서 굵은 눈물이 주르륵 흘러내린다. 주위의 다른 낙타들도 일제히 목을 빼고 선율에 귀를 기울인다. 새끼에게 젖을 주지 않던 어미 낙타. 대체 어떤 아픔이 있기에 새끼에게 젖도 안 주는 극한의 방법을 택했을까. 어미 낙타의 눈물은 노래와 연주가 계속되는 동안 줄곧 흘러내렸다. 초원의 방식, 유목민의 방식. 노래가 끝나자 어미는 새끼에게 젖을 물렸다. 그제야 나는 정말 안도의 한숨을 내쉬었다. 그 어미 낙타의 가슴에 남아 있던 것은, 흘려보낸 것은 무엇일까.

이 다큐멘터리는 나중에 알고 보니 유명했다.•

알타이공화국이나 하카시아공화국, 투바공화국 같은 곳에서도 이와 비슷한 방법으로 동물들을 치유한다고 한다.

• 〈낙타의 눈물〉이라는 제목으로 방영되었다.

알타이. 톱슈르를 연주하며 카이를 부르는 카이치

알타이공화국에서 '카이'라는 것을 들었을 때다.

카이라면 우리 창(唱) 같은 그들의 전통음악을 말한다. 그 안에도 여러 장르가 있지만 그 중에서 목을 울리며 뽑아낸 저음을 운율에 실어 노래하는 독특한 창법의 '목노래'가 인상적이다. 카이는 알타이 지역뿐 아니라 하카시아, 투바, 몽골, 중앙아시아에서도 하이, 호메이 등으로 불리며 넓게 퍼져 있다.

알타이에 들어갔을 때였다. 너무도 묵직하게 가라앉은 저음이 너무도 아득하게 들리기 시작했다. 저 지하 깊은 곳에서 흘러 나와 우주에 닿을 것 같은 그런 음이 귓속을 지나 머릿속을 꽉꽉 메웠다. 내 뇌를 파고들어 뭔지는 잘 몰라도 영혼 비슷한 것을 느끼게 해주는 그런 음. 알타이의 원주민 복장을 한 사내가 전통 악기 톱슈르의 리듬에 실어 그 음을 뽑아내고 있었다. 알타이의 카이치가 카이를 부르는 것이었다.

투바의 호메이를 부르고 있는 호메이쥐

이번에는 어미 낙타가 아니라 내 눈에서 눈물이 흐르기 시작했다.

키가 한 뼘인 카르쉬

뼘은 엄지손가락과 다른 손가락을 펴서 길이를 잴 때 쓰는 단위이다. 그래서 한 뼘을 재는 방법도 여러 가지다. 엄지와 검지를 쫙 펴서 재기도 하고, 엄지와 중지, 때로는 새끼손가락을 잰다.

알타이어족 중 투르크계로 분류되는 알타이족의 언어로 엄지와 중지를 펴서 잰 한 뼘을 '카르쉬'라고 한다. 또 인근 하카시아공화국의 한 뼘도 발음이 비슷하다.

그 한 뼘을 찾아 애를 태운 때가 있었다. 티브이에서 다큐멘터리로 몇 차례 보며 기억에 남은 그 '목노래'를 눈앞에서 듣고 싶었던 것이다. 고르노-알타이스크로 향할 때, 그곳의 '민족극장'에 가면 공연이 있을 것이라고 확신했다. 헌데 극장에 가서 공연을 알아보니 6월에 축제가 끝났고 가을까지 공연은 없다는 것이었다. 7월말이었다. 낭패였다.

톱슈르를 들고 있는 카르쉬, 옆은 필자

톱슈르를 연주하며 카이를 부르고 있는 카르쉬

카이치를 찾기 시작했다. 전화번호를 알게 된 몇몇은 알타이공화국 내에 없었다. 머물고 있던 알타이공화국의 수도 고르노-알타이스크에서 두세 시간 떨어진 '체말'지역에 카이치가 있다고 전해 들었다. 그의 이름이 '카르쉬'였다.

호텔에서 그를 못 만나면 어쩌나 조바심을 치던 차였다. 휴대전화로 그와 연결이 되었다. 그는 '체말'이 아닌 숙소에서 코 앞, 아니 한 뼘 거리 지척에 있다는 것이었다. 관청에 일이 있어 나온 참이었다. 부랴부랴 그를 만날 차비를 했다.

비슷한 연배의 카르쉬와 그 날 밤 보드카 잔을 기울였다.

그는 자기 이름의 유래를 들려줬다. '카이'를 처음 배울 때 스승이 그의 키가 작다고 부른 별명이 '한 뼘'이었다. 엄지와 중지를 편만큼밖에 그의 키가 안 된다고 놀려대며 부른 '카르쉬'. 그는 자기 이름을 아예 '카르쉬'로 개명해 지금껏 쓰고 있다고 했다.

다음 날, 카르쉬의 집이 있는 체말 지방으로 향했다. 카툰강이 흐르는 절벽 위 풀밭에 그의 집이 있었다. 그리고 현대식 가옥과 함께 자기가 손수 지었다는 육각형의 알타이 전통가옥 아일에서 노래를 시작했다. 카르쉬의 말로는 카이를 듣고 나면 얼마 안 있어 아이를 갖게 된다고 씩 웃었다. 알타이 전통복장을 입고 톱슈르를 튕기며 내는 그 '목노래'가 아일을 가득히 채웠다. 그리곤 하늘을 향해 뚫린 천장으로 빠져나가 알타이의 타이가로 스며들고 있었다.

밤늦도록 그의 노래가 울려 퍼졌다. 알타이의 산악 지대에서 듣는 카르쉬의 노래들. 이제 알타이에서 사라져 가는 그들의 전통을 애달파하며 자신이 쓴 시를 러시아어로 들려주었다. 그리고는 알타이말로 바꿔 카이에 실었다.

나는 샤먼의 북!
나는 알타이의 목소리,
시대를 넘어 난 당신에게 날아갔지.
황금빛 옛날이 내 속에 있지.
오늘까지 둥둥 소리를 내지.
아득하게.

나는 샤먼의 북!
내 우렁우렁한 소리는
둥~둥~
경종을 울리듯.
크게 호소해보지.

"후손들은 어찌 될까,

알타이 샤먼의 북.
고르노-알타이스크 향토박물관

누가 북채를 잡고

내 소리를 들려줄까."

'한 뼘' 안에서 불거져 나온 우렁우렁한 목소리는 알타이를 찬양한다는 내용으로 바뀌었다. 알타이말로 부르는 카이 속에서 알아들을 수 있는 단어는 알타이뿐이었다. 알타이라는 말이 되풀이 됐다. 알타이……알타이…… 그 세 음절의 단어는 내가 알타이어족 사람임을 새삼 일깨워주고 있었다.

문득 한국에서 이곳까지의 거리가 '한 뼘'밖에 안 된다는 생각이 들었다.

달이 죽어갈 때

예전에는 부정 탄다는 말을 많이 들었다. 부정의 의미가 무얼까. 상갓집 같은 곳에 다녀올 때면 액막이로 몸에 소금 따위를 뿌리는 것을 많이 보기는 했다.

알타이와 하카시아, 투바 지역을 다닐 때 시장에서 조그만 나뭇가지를 쌓아놓고 파는 모습을 흔하게 볼 수 있다. 시장 뿐 아니라 타이가를 따라 난 길을 달리다보면 간이 가판에 그 나뭇가지를 팔고 있는 모습이 자주 눈에 뜨인다. 측백나무 가지인 줄 알았는데 실상 그게 나무가 아니고 '아르트쉬'라는 풀이다. 타이가의 청정지역에서 채취했다는 것을 강조하기 위해 인적 없는 숲가에 앉아 그 풀을 파는 게 아닐까.

샤먼이 정화의식을 할 때나, 아니면 집에서 누군가 타지에 갔다 올 때, 부정 탄 장소를 갔다 올 때, 아니면 손님이 올 때 '오트-에네'라는 불로 정화하는 의식을 한다. 이때 그 풀이 쓰인다. 그 풀에 불을 붙여 나는 연기로 몸 둘레를 휘두르며 정화를 하는 것이다.

알타이 공화국의 체말이란 지역에 갔을 때였다. 알타이 전통가옥 아일로 들어갈 때 나를 초대한 주인은 이 의식을 하지 않았다. 이상했다. 나야말로 어디를 들렀다 왔는지 알 수 없는 정체모를 이방인 아닌

가. 그들의 관념이라면 정화를 해야 하지 않았을까. 알고 보니 공교롭게도 내가 갔을 때 달이 죽어가고 있었기 때문이었다.

이 불과 연기로 정화하는 의식은 달이 태어나 만삭이 될 때, 그러니까 초승달에서 보름달까지만 한다. 달이 기울기 시작해서 하현달이 될 때까지 이 의식을 하지 않는다. 시베리아 지역 곳곳에서 약수가 나는 영천靈泉 물을 '아르샨' 또는 '이르쟌'이라 부른다. 지명이 되기도 한다. 알타이 지역에서는 달이 죽어갈 때 이 아르샨도 마시지 않는다고 했다.

다음 날이었다. 별채에서 살고 있는 가족들의 얼굴이 어두웠다. 내게 밝게 인사하던 그 집 막내딸이 갑자기 고열에 시달리며 먹은 것을 다 토했다. 문득 달이 죽어갈 때 그 집에 들어간 내 탓 같았다. 한국에서 조제해 간 몸살약을 주었다. 주인 부부는 원체 아이가 목이 약한데 전날 밤 아이스크림을 먹은 게 탈이 난 거라며 신경 쓰지 말라고 했다.

한 시간 가량 지났을 때 주인은 흰 바탕에 잿빛 털이 뜨문뜨문 뒤섞인 말을 끌고 나왔다. 그런데 고삐를 당겨도 철로 된 대문을 나서지 않으려고 버둥거렸다. 끝내는 철문의 경첩이 달린 곳을 뒷발로 걷어찼다. 떨어져 내리는 육중한 문에 말의 뒷다리가 맞았다. 나는 어쩔 줄 몰랐다. 주인을 도와 문을 겨우 제 자리에 돌려놓았다. 경첩의 한 부분이 문이 떨

불에 태워 정화할 때 쓰는 풀인 아르트쉬. 알타이, 투바 등지에서 이 풀을 사용

어지는 무게에 부서져버리고 말았다. 말도 다리를 절룩이며 고삐를 틀어 쥔 주인의 손에 이끌리고 있었다. 주인의 말로는 몇 달 전 타이가에서 늑대를 만난 뒤 놀라서 밖에를 잘 나서지 않으려고 한다는 것이었다. 그 때부터 말의 이름은 '트르타스'가 되었다. 알타이어 같은데 '뒤뚱뒤뚱'이라는 뜻이라 했다. 늑대가 몰고 온 그 트라우마 때문에 결국 대문을 망가뜨리고 발에 부상까지 당한 것이리라.

알타이의 난로.
정화를 위해 이 불에 아르트쉬를 태운다.

그래도 자꾸 내가 부정한 기운을 몰고 온 것 같아 몸 둘 바를 몰랐다. 그 '아르트쉬'라는 풀로 정화의식을 치루지 않은 까닭일까, 내내 께름칙했다. 뒤뚱뒤뚱 걷는 말 뒤를 쫓아갈 때, 파란 하늘에 쾡하게 떠 있는 죽어가는 낮달이 눈에 들어왔다.

그날 저녁도 그 아일에서 머물러야 했다. 인근에 흩어진 암각화들을 보고, 휑한 거리를 돌아다니며 시간을 보내다가 돌아왔다. 한데 열이 높다던 아이가 마당에서 친구들과 놀고 있었다. 또 텃밭 옆에서 아까 다리를 다친 말이 어슬렁대며 풀을 뜯는 게 눈에 들어왔다. 가만 보니 발을 절지 않는 것 같았다.

내가 오기 전으로 모든 게 되돌아간 것이다.

이제 집의 정령이 나를 받아들인 것일까. 알타이의 정령이.

예니세이

예니세이.

시베리아 중 서시베리아와 동시베리아를 나누는 경계. 몽골과 사얀산맥에서 흘러나와 북극해로 흘러드는 길이 4,130km의 강. 바이칼에서 유일하게 흘러나오는 안가라강은 예니세이강으로 합류한다.

강 이름 예니세이는 러시아어로 남성명사이다. 안가라는 여성명사이다. 러시아어를 기반으로 한 예니세이와 안가라에 얽힌 바이칼 샤먼바위의 전설은 앞뒤가 들어맞는다. 남성과 여성이 살림을 차린다는 설정.

투바공화국에서
발행하는 잡지 《에네 사이》

그곳에 원래 살아왔던 원주민들에게 예니세이는 다른 뜻이다. 러시아어를 기반으로 한 그런 현세적인 해석이 아니라 훨씬 깊고 원초적이다. 그러니까 예니세이는 남성이 아닌 '위대한 어머니'의 뜻을 품고 있다. 예니세이강이 시작되는 투바공화국에서는 '에네 사이'로 부른다. '에네 사이'는 '크고 위대한 어머니'라는 뜻의 '에네'와 강이라는 '사이'의 합성어인 것이다. 인근 하카시아공화국에서도 원래 이 강의 이름을 같은 뜻으로 받아들인다.

“저게 ‘말르이 예니세이’(작은 예니세이)예요. 언젠가부터 상류를 러시아사람들이 그렇게 불렀고, 이제는 모두 거기에 익숙해졌지요.”

시베리아의 남쪽 투바공화국의 수도 키질에 가면 유년의 예니세이와 성년이 된 예니세이를 함께 만날 수 있다.

키질에서 동쪽으로 조금만 벗어나면 작은 강이 키질을 향해 힘차게 흐른다. 그게 말르이 예니세이다. 서쪽에서 키질로 힘차게 들어오는 게 바로 다 자란 예니세이다. 키질에서 이 둘은 합체하여 북쪽으로 흘러간다. 그러다가 그 유명한 바이칼의 전설을 만들어 내는 것이다.

예전에 예니세이란 말을 수도 없이 입에 올렸다. 칠판에 그린 시베리아 지도의 한 부분을 나누었던 선 하나. 그게 예니세이였다. 그 선이 꿈틀대며 눈앞을 쏜살같이 지나쳐간다. .

예니세이의 거대한 물길을 막은 게 하카시아공화국의 사얀산맥 부근에 세운 ‘사야노-슈쉰스키 수력발전소’이다. 러시아에서 제일 큰 그 수력발전소에서 잠시 숨을 고른 예니세이는 다시 북쪽으로 향하며 아바칸, 크라스노야르스크를 지난다. 크라스노야르스크 한 가운데를 거세게 지나치는 예니세이를 따라 길게 늘어진 길고 멋진 산책로와 공원, 그리고 선상에 꾸민 찻집과 음식점

키질의 예니세이강

사야노-슈쉰스키 수력발전소. 하카시아공화국

크라스노야르스크시를 관통하는 예니세이

들. 예니세이가 없다면 크라스노야르스크도 생겨나지 않았을 것이다.

체호프가 사할린으로 가는 도중 들른 크라스노야르스크. 강변에 체호프 동상이 서 있다.

그의 글 〈시베리아에서〉를 보면 여행 내내 그를 괴롭혔던 시베리아의 다른 도시와는 다르게 크라스노야르스크에 대해서는 "시베리아의 모든 도시 중 가장 훌륭하고 아름다운 도시"라고 찬사를 한다.

크라스노야르스크 예니세이강 앞에 서있는 체호프 동상.

"볼가(유럽 쪽 러시아 중서부를 흐르는 강)가 수줍어하며 애수에 찬 잘 차려입은 미인이라면, 예니세이는 자신의 힘과 젊음을 주체할 줄 모르는 강력하고 매우 사나운 용이다."

그렇게 젊음을 뽐내며 북으로 내달리던 예니세이는 삼백여 개의 강을 꽁꽁 가두고 있는 완고한 바이칼의 고집을 물리치고 집에서 뛰쳐나온 안가라와 조우하게 되는 것이다. 그렇게 예니세이는 북극해로 세차게 달려간다.

시간을 재는 법

시베리아 남부 하카시아공화국에는 시간을 재는 전통적인 방법이 있었다. 하카시아인의 전통가옥 유르트 팔각형 천정과 들판에서 비쳐오는 햇빛의 길이로 하루의 시간을 알았다.

유르트 문을 열고 들어가면 왼쪽 벽면은 여성을 위한 공간으로 몇 개의 층으로 된 붙박이 찬장에 그릇들이 가지런히 놓여 있고 바닥에는 항아리 같은 용기가 자리 잡는다. 오른쪽 벽면에는 남성들을 위한 공간으로 유목을 위한 도구들, 사냥에 필요한 무기, 농기구 같은 게 걸려있다. 유르트의 문은 항상 동쪽을 향한다. 그들의 말에 따르면 하카시아인들은 동쪽에서 시베리아 서남부 쪽으로 왔다고 여긴다. 그래서 하카시아 여인들, 특히 여성 중 연장자가 아침마다 동쪽을 향해 절을 한다.

하카시아인들의 유르트 내부. 여성을 위한 공간이 보인다

하루의 시간을 아는 방법이다.

아침 6-7시는 유르트 안으로 비추어지는 햇빛의 길이가 말 재갈만해진다.

7-8시는 말 재갈의 길이의 두

하루 시간을 하카시아어로 설명

배쯤 되는 빛이 들어온다.

8-9시는 '아르감쥐'(러시아어로 아르칸)라고 부르는 말의 목을 낚아채는 올가미 길이만할 때이다. 보통 이 올가미의 길이는 7-10미터 정도이다. 그래서 유르트 밖에서 태양을 바라볼 때 땅까지 거리를 대략 아르감쥐 하나 정도의 길이로 보고 가늠한다.

9-10시, 태양이 더 떠오른다. 땅에서 태양까지의 거리가 아르감쥐의 길이의 두 배로 늘어난다. 유르트 안에서도 햇빛의 길이가 길어진다.

10-11시는 '일교르'라고 부르는 찬장의 위의 한 층 정도에 햇살이 걸터앉을 때에 해당한다.

12시가 되면 천정을 통해 들어온 햇살이 유르트 전체에 퍼진다.

해가 서쪽으로 기울수록 햇살은 반대쪽을 향하게 되고 오후 4-5시쯤에는 여인들의 공간 바닥에 놓인 양동이를 비춘다.

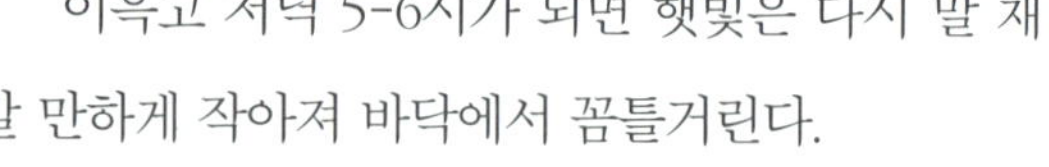

이윽고 저녁 5-6시가 되면 햇빛은 다시 말 재갈 만하게 작아져 바닥에서 꼼틀거린다.

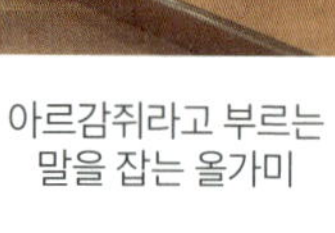

아르감쥐라고 부르는 말을 잡는 올가미

이 이야기를 들려준 '하얀 장갑'이라는 뜻의

'멜레이예크'라는 이름의 노파는 하카시아 공화국의 아이들이 이런 전통과 도구들의 이름을 모른다며 혀를 찼다. 아이들에게 일상생활에 쓰였던 단어들을 설명하기 위해 하카시아어로 된 그림책을 쓰고 있다며 그 중 하나를 보여줬다.

낮 시간을 구분

밤 시간을 구분

그날 나는 하카시아의 어린아이가 되어, 하카시아어로 된 여러 일상어들을 들어야 했다.

하카시아인의 우주관

하카시아 공화국에 가면 독특한 문양을 흔하게 만날 수 있다. 향토박물관에 전시된 비석들에서도, 그리고 수도 아바칸을 조금만 벗어나면 만날 수 있는 들판의 돌 비석에서도, 그리고 초원에 서있는 나무 장승에서도, 하물며 식당 벽을 꾸민 장식에서도, 기념품을 파는 가게에서도, 그 문양을 자주 만나게 된다.

문양은 사람의 얼굴 비슷하다. 얼굴은 세로로 세 부분으로 나뉜다. 이마부위, 그리고 눈과 코가 자리한 부위, 마지막으로 입 주위라고 말할 수 있다.

기념품에 나타난
하카시아의 문양

이마 부위는 가로로 다시 셋으로 구분된다. 하카시아인들이 '유츠쿠브르스탄'이라는 부르는 세 개의 하늘이다. 이 세 개의 하늘은 각기 다른 뜻을 가지며 자기 영역을 주관한다.

이마 맨 왼쪽의 하늘은 '파르낙'이라는 하늘로 아침을 상징한다. 이 아침은 다양한 의미로 확대된다. 말 그대로 아침을 나타내기도 하고, 생명의 태어남, 일의 시작 등의 뜻을 갖는다. 가운데 하늘은 '아메테르'로 정오, 생명이 육체적으로 가장 성숙하게 되어 왕성하게 활동하는 것을 의미하고, 일의 절정 등의 뜻을 내포한다.

'프론췌'라는 맨 오른쪽 하늘은 저녁을 의미한다. 확장된 의미로 일의 완성, 정신적으로 성숙을 상징한다.

이 세 하늘은 다 신의 영역이다.

아바칸 향토박물관

미누신스크 향토박물관

얼굴의 두 번째 부분은 인간세상을 의미하고, 또 우리가 숨을 쉬게 해주는 공기를 뜻하기도 한다. 여기가 생명체의 실제 활동 공간이다. 그래서 이 두 번째 부분에다 실제 우리가 매일 볼 수 있는 태양이 뜨고 지는 것을 포함시킨다.

마지막으로 얼굴의 입 부위는 밤을 의미한다. 시베리아인들의 세계관으로 미루어 아마 이 부분은 죽음 이후의 세계가 아닐까.

이렇게 나뉜 얼굴 위, 정수리 부분에 더 높은 신에게로 다가가는 통로들이 기둥처럼 솟아있다.

하카시아인들은 도처에서 만나는 그 문양을 보며 우주와 소통하고 있을 것이다.

아바칸의 어떤 식당 벽을 꾸민 하카시아 문양

하카시아 삼신할머니

하카시아공화국의 수도 아바칸에서 서남쪽으로 두 시간 넘게 차로 달리면 '후르투이아흐 타스'라고 불리는 석상을 만난다. 꼭 들러봐야 하는 명소로 관광지도에도 그 석상 사진은 꼭 실려 있다.

풍화를 막기 위해서인지 그 석상은 사방이 유리로 된 건물 속에 있다. 막상 앞에 서니, 생긴 게 우스꽝스럽다. 동그란 두 눈의 흔적. 헌데 도드러져야 할 코 부위가 움푹 패여 있는 것 같아 웃음을 자아내게 한다. 얼른 웃음을 거둬들인다. 하카시아인들에게 가장 성스러운 숭배의 대상 아닌가. 석상의 몸통 부분에는 예의 그 하카시아 특유의 우주관을 담은 문양이 희미하게 보인다. 그 밑으로 정성껏 올린 과일과 야채, 곡물을 빻아 빚은 경단과 우유 같은 제물들이 진설되어 있다.

후르투이아흐 타스 석상

이 석상은 3000년 전의 것이라고 그곳을 관리하는 사람이 말해 준다. 더 나아가 모든 투르크계 사람들의 어머니란다.

굉장한 영험을 지녔다는 석상. 그래서

일까. 그곳에 기도를 하기 위해 긴 줄이 늘어서 있다. 쉴 새 없이 사람들이 들락거린다. 유독 젊은 층들이 눈에 많이 띈다. 간절한 눈빛을 한 채 석상 주위를 시계방향으로 세 바퀴를 돈다. 그 다음 석상 앞에서 두 손바닥을 하늘로 향한 채 눈을 감고 있는 사람들.

'후르투이아흐 타스'의 많은 영험함 중에도 으뜸은 아이를 관장하는 힘이다. 바로 우리의 삼신할머니인 것이다. 아이 갖기를 소원하는 젊은 여인들의 절절한 눈빛들. 그리고 나이 지긋한 여인들의 비손 속에 자손의 안녕을 바라는 정성이 배어 있다. 그 앞에서 문득 아주 오래 전에 돌아가신 할머니, 어머니의 얼굴이 스친다. 소반에 정화수 올려 놓고 비손을 하던 기억 속의 모습이 그 위로 겹쳐진다.

다시 석상의 얼굴을 뚫어져라 바라본다. 얼굴의 패인 코 부위는 아기를 갖고자 하는 간절함의 흔적 아닐까. 우리나라의 민간 풍습에서 아이를 소원하는 여인들이 남근석이나 석상의 특정 부위를 떼어내 먹었다는 이야기를 심심치 않게 들었다. 그처럼 하카시아 여인들도 '후르투이아흐 타스'의 코 부위를 쪼아 그 조각을 삼키며 간절함을 표시하지 않았을까. 하지만 그건 아니란다.

목각으로 만든
후르투이아흐 타스 상

석상에서 물러나 밖으로 나올 때였다. 젊은 러시아인 남녀 한 쌍이 그곳으로 들어섰다. 관광객이겠거니 무심히 지나쳤다. 그들의 얼굴이 어두운 게 좀 이상했다. 물끄러미 그들을 돌아보았다. 아니나 다를까, 석상 앞에서 손바닥을 하늘을 향해 뒤집은 채 그들은 한참이나 기도를 올리고 있었다. 둘 사이의 새 생명을 바라는 기도였으리라. 그들의 손바닥 위로 '후르투이아흐타스'의 그 영험함이 스며들고 있는 것만 같았다.

파꽃

하카시아공화국 도처에서 쿠르간이라고 부르는 거대한 묘의 흔적들을 자주 만날 수 있다. 한 때는 강력한 왕국이 서 있었을 그곳에 무덤을 빙 둘러 세운 둘렛돌들만이 옛 영화를 대신한다. 무덤 속 황금들과 부장품들은 대개 도굴 당하거나 박물관으로 옮겨졌다. 투바공화국에도 하카시아와는 다른 형식의 쿠르간들이 많이 있다. 훨씬 서쪽, 카자흐스탄과 가까운 곳에는 아예 쿠르간이라는 지명도 있다. 얼마나 넓은 곳에 퍼져 있던 장례문화였던가. 무덤 둘레를 두른 돌들의 크기와 규모로 망자의 신분을 짐작한다. 하카시아의 그런 양식은 스키타이의 잔재라고 했다.

어떤 거대한 쿠르간에 다가갈 때, 벌판에 뜨문뜨문 피어있는 연보랏빛 꽃이 눈에 들어왔다. 자그마한 대궁들 사이로 보라색 꽃을 올리고 있었다. 그건 가느다랗고 작은 야생파였다. 나와 동행한 하카시아인이 몸에 좋다며 그걸 뽑아 우걱우걱 씹기 시작했다.

야생 파꽃

벌판에 흩어진 작은 규모의 쿠르간

"몸에 아주 좋은 거예요. 힘이 펄펄 날 겁니다."

그 야생파들을 우걱우걱 씹으며 집 한 채 보이지 않는 황량한 벌판에 흩어져 있는 쿠르간들을 바라보았다.

문득 그 위로 둔황(敦煌), 로울란(樓蘭)같은 저 서역의 지명이 피어났다. 윤후명 작가의 〈둔황의 사랑〉, 〈로울란의 사랑〉이 떠올라서였을 것이다. 이제 사라져버린 저 고대의 흔적이 그런 지명을 불러왔는지도 몰랐다. 〈로울란의 사랑〉을 보면 파꽃에 대한 묘사가 여러 차례 나온다. 저 서역으로 독자를 인도하는 파꽃. 그 작품에 인용한 김춘수 시인의 시가 저 보랏빛 파꽃 위에 머문다.

그 명사산 저쪽에는 십년에 한 번 비가 오고,
비가 오면 돌밭 여기저기 양파의 하얀 꽃이 핀다.
〈중략〉
언제 시들지 모르는 양파의 하얀 꽃과 같은 누란.
김춘수의 〈누란〉 중 '명사산(鳴沙山)'

김춘수 시인의 표현을 빌면 '언제 시들지 모르는' 연보랏빛 파꽃과 같았던, 이제는 명멸해버리고 빈 들판에 무덤만 남긴 그 고대의 제국을 상상해보고 있었다. 야생파의 맛이 혀끝을 알알하게 파고들었다.

황제의 골짜기로 들어가는 문

하카시아 공화국의 수도 아바칸에서 차로 2시간가량 달리면 '황제의 골짜기'가 나온다. 그곳에 선돌 두 개가 나란히 서 있다. 하카시아 사람들은 그 선돌을 '황제의 골짜기로 들어가는 대문'이라 부른다.

멀리 쿠르간들이 '황제의 골짜기'에 휑뎅그렁 흩어져 있다. 선돌 곁으로는 바위와 풀밭뿐이다. 납작 땅에 엎드린 낮은 키의 나무들이 뜨문뜨문하다. 그 가지들마다 매달려있는 오방색 천들이 휘날린다. 눈앞에 보이는 옛 왕국은 시대를 넘어 그렇게 지금 희미하게나마 살아 숨 쉬고 있는 것이다.

그 골짜기를 들어가기 위한 통과의례가 있다. '황제의 골짜기로 들어가는 대문' 사이를 지나쳐야 한다. 우주가 음양에 따라 움직이듯, 선돌 두 개도 음양에 의해 나눠져 있다. 하나는 수돌이고, 다른 하나는 암돌이다. 암돌은 평퍼짐하고 수돌에 비

황제의 골짜기로 들어가는 문

기를 받는다는 수돌

해 키가 작다. 넉넉한 품을 갖고 있다. 수돌은 암돌에 비해 좁고 키가 높다. 수돌의 한 부분이 반들반들 빛을 내며 약간 패여 있다. 거기 기대서 우주에너지를 받는다 했다. 우주의 기를 받을 수 있는 곳. 거기 기대서 눈을 감는다. 내려쬐는 햇살이 감은 눈 위에서 여러 빛으로 어른댄다. 에너지처럼 내 몸을 감싸는 그 빛들.

수돌에서 떨어져 나와 '황제의 골짜기'로 들어선다. 거대한 쿠르간을 향해. 언젠가 이 초원을 지배했던 스키타이인들의 흔적을 찾아 발을 뗀다.

황제의 골짜기로 들어가는 문 주변

샤먼의 부활

샤먼과 샤머니즘을 말하면 시베리아 지역이 우선 머리에 떠오른다.

시베리아의 대부분의 도시마다 있는 향토박물관의 중심을 샤먼이 차지한다. 북을 들고 치렁치렁한 무구巫具로 치장한 시베리아 샤먼.

시베리아에서 샤먼이 사라진 때는 스탈린 시기였다. 소련 정부가 시베리아 곳곳에서 아픈 이의 치료를 담당하고, 더 나가 부족의 운명을 책임지는 정신적 지도자 역할의 샤먼을 그대로 둘 리가 없었다. 샤먼 대부분이 총살당하거나 수용소로 끌려갔다.

하카시아의 어떤 쿠르간에서의 일이었다. 무덤을 두른 거대한 둘레돌 중 몇 개가 가로로 누워 있었다. 들은 바로는 직사각형의 이 돌의 길이가 70미터, 그리고 무게는 60톤이 나간다고 했다. 거기에 여러 모양의 암각화가 새겨져 있다.

샤먼의 암각화가 있는 쿠르간

하카시아 샤먼과 함께

투바의 샤먼

눈에 들어온 것은 추상적 무늬보다는 사람 형상의 암각화였다. 손에 둥근 무늬가 붙어 있는 것으로 보아 시베리아 샤먼이 북을 들고 있는 듯했다. 물어보니 샤먼이 맞았다.

원래 그 암각화 속 샤먼은 비스듬히 모로 누워 있었다. 2011년에 지진이 나며 그 무덤돌이 옆으로 쓰러져버렸다. 그제야 그 암각화 속 샤먼이 똑 바로 서게 되었다는 것이다. 그래서인지 사라졌던 샤먼들이 많이 생겨났다는 그럴듯한 설명을 들었다. 그래서일까. 진짜 그날 그곳을 찾아 온 하카시아 샤먼을 만났다.

소련이 해체되고 시베리아의 각 민족의 샤먼들이 조금씩 부활하고 있었다. 그래서일까. 하카시아, 투바, 부리야트 등지에서 우연하게 샤먼들과 자주 마주쳤다. 다만 영적으로 높은 샤먼을 찾기가 너무 힘들다는 소리가 여기저기서 들려온다.

암각화 속에서 희미하게 보이는 북을 든 샤먼 형상

투바 I

시베리아를 다니면서도 투바공화국은 가보지 못했을 때였다. 멀고도 먼 투바. 워낙 오지에 자리한 곳이라 들어갈 엄두를 내기가 어려웠다.

투바라는 지명은 한 책을 통해서 귀에 익었었다. '리처드 파인만의 마지막 여행'이라는 부제를 단 랄프 레이튼이 쓴 책《투바》•를 통해서였다. 리처드 파인만은 그 유명한 물리학자이다.

한 지인의 책장에 꽂혀 있던 그 책이 처음에는 시베리아에 위치한 러시아연방의 자치공화국인 투바에 대한 것인 줄만 알았다. 먼저《투바》라는 책 제목이 눈에 들어왔다. 시베리아에 대해 관심 있던 나로서는 당연히 눈길이 갈 수 밖에. 하지만 그 앞에서는 아무런 내색도 안 했다. 다만 그가 그런 쪽에, 시베리아의 오지에 자리 잡은 투바에 대해 관심을 갖는다는 게 신기했다. 어느 날이었다. 투바가 내 머리에서 깜박이며 되살아났다.(국립민속박물관의 학예연구사가 지인이었다. 그는 중앙아시아와 러시아로 자주 출장을 다녀왔다. 그로부터 투바에 간다는 이야기를 들었을 때였

• 랄프 레이튼, 안동완 옮김,《투바(리처드 파인만의 마지막 여행)》, 해나무, 2002.

투바에서 발행한 우표

다.) 나는《투바》라는 책을 주문하려 찾아봤으나 모두가 절판이었다. 부랴부랴 도서관에서 책을 빌렸다.

"탄누-투바에 무슨 일이 있었지?"

랄프 레이튼에게 던진 리처드 파인만의 질문이다.

리처드 파인만은 어렸을 때 우표 수집을 했다. 그러다가 아주 멋진 삼각형과 다이아몬드 모양의 우표를 만났는데, '탄누- 투바'라는 곳에서 발행한 것이었다. 그곳의 수도는 키질이다. 탄누-투바는 소련에 합병되며 '투빈스카야 소련 사회주의 자치공화국'이라 이름이 바뀌었었다. 지금은 러시아 내 '투바 공화국'이 되었다. '탄누'는 투바에 있는 산들 중 하나이다.

책을 보면 리차드 파인만과 랄프 레이튼은 이곳에 들어가려고 투바에 대한 엽서, 사진, 책 등을 구하고, 러시아어와 투바어도 조금씩 배운다. 투바행은 소련 당국의 허락을 기다릴 수 밖에 없었다. 결국 리처드 파인만은 투바에 가질 못한다.

어찌어찌 하다가 이 책을 다 읽지 못했다. 책의 2/3를 다 읽었는데도 이들의 투바행은 여전히 불투명했다. 덩달아 이들에 실려 투바로 들어가려는 내 계획을 불가피하게 접었다.

동네 가까운 시립도서관에서 도서반납 연체가 된 이틀 동안 계속 전화가 왔다. 아마도 자원봉사자들이 서너 시간씩 맡아 반납을 담당하는 모양인데 이들 몇이서 교대를 하며 연체 리스트에 올린 사람들에게 전화를 해댔다. 내 첫 투바행은 그렇게 좌절되었다.

투바의 드넓은 초원을 바라보는 목동 기념상

그런데 사할린에서 너무도 멀리 있는 투바를 만났다.

밤기차의 삼등석 칸 내 자리 옆으로 아이 셋을 데리고 동양 얼굴의 젊은 여인이 탔다. 나는 그녀의 세 살짜리 막내딸과 장난을 치며 사할린 생활에 대해 물어보았다. 그녀는 의사였다. 내가 한국인임을 안 그녀는 선량한 북한인에 대해 얘기했다. 사할린 조그만 도시의 병원에서 근무하는 그녀의 집에 추운 겨울 날, 수도가 터지고 그 때문에 전기가 다 나갔다고 했다. 그때 근처에서 일하던 북한 남자가 수도와 전기를 거저 고쳐주었다고 했다. 그런데 그 뒤 그 북한인이 손을 심하게 다쳐 병원으로 실려 왔고, 그녀는 착한 그 사람의 절단 위기에 놓인 손을 성공적으로 수술해 주었다고 말했다. 그러면서 '카레예츠'(통상 한국인을 의미)들이 친절하고 선량하다는 말을 다시 덧붙였다.

그 보답으로 나는 그녀가 어디에 가는지 물어봤다. 그녀는 투바인이었다. 투바의 너른 초원에서 숨을 들이마시러 아이들 방학 동안 고향에 간다는 것이었다. 그러면서 마치 기차 안이 투바의 너른 초원인 양 심호흡을 했다. 빗물이 흩뿌리는 차창 밖으로 시커먼 오호츠크해가 바짝 다가들었다. 나도 덩달아 시베리아의 저 서쪽, 끝없이 펼쳐진 투바의 푸른 초원을 그리고 있었다.

투바 2 - 아시아의 중심

투바공화국의 수도 키질 시내 공원에 높다란 오벨리스크가 서 있다. 바로 그 지점이 아시아만 따졌을 때 중심점이 된다는 곳이다. 아시아의 중심을 알리는 예전 오벨리스크를 없애고 새롭게 세웠다. 오벨리스크 기둥에 새겨진 무늬와 끝의 사슴 장식은 투바의 '황제의 골짜기'에서 출토된 황금 비녀를 그대로 확대해 놓은 것이다.

러시아 내 소수민족을 중심으로 한 다른 공화국들과 비교할 때 투바공화국은 아직 전통을 많이 고수하고 있는 듯 보인다. 반대로 현대 문명이라는 관점으로 보면 아주 낙후된 곳이다. 시베리아의 서남단 끝. 몽골과 국경을 이루는 곳. 고층빌딩은 찾아볼 수 없는 키질을 차로 십여 분만 벗어나면 바로 초원이고 또 타이가가 시작된다. 아시아의 중심은 그런 곳에 위치하고 있다.

아시아의 중심을 알리는 오벨리스크

키질에서 알게 된 투바인의 집에서였다. 그의 열 살쯤 되는 손녀와 이런저런 대화를 하다가 한참을 웃었다. 아이는 몽골의 울란바토르에 다녀왔다고 자랑을 늘어놓았다. 울란바토르에 대한 인상을 묻자 대뜸 도시라는 단어로 답했다.

오벨리스크 옆의 '황제의 사냥'이라는 조형물

"거긴 굉장히 커요. 무지 큰 도시예요."

"그럼 키질은?"

"여긴 시골이예요."

투바공화국의 수도인 키질. 아시아의 중심점. 아이의 입을 통해 아시아의 중심이 무참히 무너져버렸다.

흥미로운 사실을 알았다. 러시아의 다른 지역, 물론 시베리아도 마찬가지로 주류를 밤 열시까지 살 수 있다. 그런데 투바공화국에서는 오후 세시가 되면 살 수 없다. 맥주도 물론이다.

오전 열시쯤 되었을까. 길에는 벌써 취객 몇몇이 보였다. 술을 살 수 있는 시간이 빨리 끝나기에 일찍부터 마시기 시작했나 보았다.

왜 그런지 까닭을 알고 보니 투바인들의 용맹성 때문이라고 했다. 그 용맹성에 술이 실리면 서로 상하게 하는 사고가 빈번히 일어난다는 것이었다. 저녁 6시가 조금 지나면 키질 거리는 빠르게 비어진다. 인적도 뜨문뜨문하다.

키질 시내

키질 시내

그런 투바인들은 독립을 하려 부단히 애를 썼던 역사를 가지고 있다. 소련시기 전국에서 행해진 정치박해 때의 희생자를 추모하기 위해 세운 동상에서 그들의 당당함을 읽을 수 있다. 동상에 붙은 단어가 인상적이다. 동상의 주인공은 '굴복되지 않은 사람'이다.

정치박해 때 희생된 투바인을
추모하기 위해 키질에 세운 동상
'굴복되지 않은 사람'

아시아의 중심점, 키질의 풍경이다.

바보 온달

키질에 들어갔을 때였다. 고맙게도 나를 시외버스 터미널로 마중 나온 분 덕에 맘속에 있던 낯선 오지에 대한 두려움을 조금 덜어낼 수 있었었다. 그 분 이름을 잊지 않으려 키질로 가는 버스 안에서 입 속으로 몇 차례 뇌까렸던 성과 이름. 온다르 칠기칙. 시외버스터미널에서 이방인인 나를 그는 금방 알아보았다. 서로 인사를 했다. 그의 나이는 육십대 후반 정도였다.

그는 다짜고짜 우리나라에 자기네 조상이 장군이었었다는 뜬금없는 얘기를 꺼냈다. 나는 어리둥절 갈피를 못 잡았다. 그는 바보라는 뜻의 '두락'이라는 러시아어 단어로 힌트를 줬다. 바보? 우리나라 역사 속에 있는 바보 장군. 그의 성은 온다르. 그때 머리를 스친 게 '바보 온달'이었다. 어려서부터 너무 많이 들었던 '바보 온달과 평강공주'. 이야기 뿐 아니라 영화로도 나왔던 온달. 나는 그의 성 '온다르'가 '온달' 임을 얼른 알아챘다. 우리나라에서 온달을 모르는 사람이 없다고 소개하며 고구려의 장군이었다고 덧붙였다. 그는 웃으며 고개를 끄덕였다.

바보 취급을 받던 온달. 어려서부터 툭하면 울기를 잘한 평강공주의 버릇을 고치려다가 결국 부마가 된 온달. 온달이 전사했다고 알려진 서울의 아차산에 온달과 평강공주의 동상이 있다는 말도 덧붙였다. 그는 자기의 성씨 '온다르'는 위그르족이라 밝혔다. 대부분 투바공화국에 살지만 중국과 카자흐스탄에도 흩어져 있다는 것이었다. '온다르'라는 성은 투바공화국에서 흔한 성이라는 말을 들었다.

북극으로 흘러드는 예니세이 강변에 앉아 '온다르'와 '바보 온달'을 연결시키고 있었다. 아마 위그르족 출신의 온달이 고구려의 언어를 잘 못 알아들었던 까닭에 바보 취급을 당했던 것은 아닐까. 고구려의 강역이 어디쯤이었을까. 자유롭게 왕래하던 저 북방 초원의 길들. 그리고 지금 시베리아의 서남쪽 끝에 앉아 있는 나.

온다르라는 성씨끼리 만나 싸움이 벌어지면 어떻게 하느냐고 다소 장난 섞인 얘기를 꺼냈다. 같은 온다르끼리 만나면 칼부림을 할 상황에 말로 끝낸다며 해맑게 웃었다. 물론 다 우리나라의 '바보 온달'처럼 옛날이야기라고 했다.

투바인의 용맹성이란 익히 들어왔다. 일례로 바이칼 근처의 이르쿠츠크에서 들은 얘기를 전하자면 나이트클럽에 술에 취한 투바인 두 명만 들어와도 모두 자리를 뜬다는 것이었다. 그 만큼 살인사건도 많이 일어났던 게 투바라고 들었다. 어쩌면 타이가와 초원지대에서 살아가며 자신들을 방어하려 했던 전통이 현대로 스며든 결과일지도 모른다.

내가 그곳에 도착한 날, 온다르는 절대 밤에 호텔 밖에 나오지 말라고 신신당부했다.

다음 날 들은 그의 사연이었다. 투바의 온달은 아닌 게 아니라 한국과 깊은 인연을 지니고 있었다. 그의 장남이 한국에서 한국어학당을 다니다가 그만 교통사고로 죽었다는 것. 그것도 뺑소니라 아무런 보상도 받지 못한 채 화장을 해 투바 땅으로 가져와 깊은 타이가에 묻었다고 했다. 머나먼 이역에서의 죽음. 나는 비감한 표정을 지으며 바보 온달 이야기를 끝냈다. 내 앞에 앉은 온다르가 머릿속에서 바보 온달과 자꾸 뒤엉켰다.

키질에 서 있는 전설적인 투바 명창(호메이쥐)의 동상. 그의 성도 온다르이다

그곳을 떠날 때까지 나는 또 다른 여럿의 온다르를 더 만날 수 있었다.

국경을 넘는 일•

말들은 국경을 자유롭게 넘나든다.

투바공화국은 몽골과 국경을 접하고 있다. 시내에서 조금만 벗어나도 말들이 곳곳에서 풀을 뜯고 있다.

발정기가 찾아 왔을 때다. 그 중 한 마리가 무리를 이탈한다. 무리 중에 혹은 인근에 맘에 드는 짝이 없거나, 아니면 무리에서 따돌림을 받았는지도 모른다. 그 말은 거침없이 국경을 넘는다. 또 저 멀리 몽골에서부터 낯선 말이 이쪽으로 다가든다. 그렇게 러시아 투바공화국에서 몽골로, 몽골에서 투바공화국으로 말들은 자유롭게 왕래한다.

방목하는 말들

• '국경을 넘는 일'이란 제목은 전성태 작가의 단편소설 〈국경을 넘는 일〉에서 빌어 왔다.

"그럼 넘어 간 그 말은 못 찾나요? 또 이리로 온 말은 여기서 갖나요?"

"그럴 때도 있지만 대개 주인이 찾으러 와요."

"그럼 말을 찾아 국경을 넘는단 말인가요?"

"물론이죠."

"어떻게 소통을 해요? 투바어와 몽골어가 비슷한가요?"

"다르지요. 그런데 말 주인은 자기 말을 귀신같이 알아봅니다."

한국전쟁

키질 시내를 돌아다닐 때였다. 저 멀리 있는 공원의 중심에 또 구형 탱크가 눈에 띄었다. 레닌동상처럼 엔간한 도시라면 으레 전시된 구형전차들.

다는 아니지만 그런 전시물 옆에는 대개 그 지역 전사자들의 이름이 적힌 커다란 벽이 있다. 목숨을 바쳐 조국을 지킨 것에 대한 충성을 잊지 않겠다는 의도일 것이다.

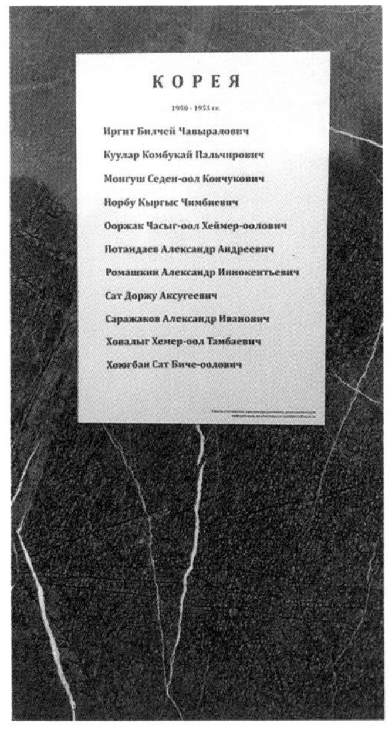

1950-53년까지 벌어진
한국전쟁에 참전한 투바인 이름들

그런 광경을 자주보다 보니 처음에는 내 관심을 끌지 못했다. 심드렁하게 그 전차 곁을 지나며 힐끗 눈길을 던졌다. 그런데 익숙한 단어가 내 눈에 걸려드는 것 아닌가. 나는 눈이 휘둥그레졌다. 그럴 리가. 잘못 본 것 같았다. 비석으로 다가가며 글씨를 다시 살폈다. 틀림없었다.

공원에 전시된 소련제 구형전차

코레야.

대체 왜 여기에 한국이 있단 말인가.

그랬다. 한국전쟁 때 소련군으로 참전했던 투바인들의 이름들이 적혀 있었던 것이다.

그 비석에 이름이 적힌 몇에 대한 사연이다. 한국전쟁에 징집되어 참전했다가 포로가 된 그들은 러시아어를 구사할 줄 몰랐다. 포로를 심문하던 러시아어 통역도 아무런 도움이 되질 않았다. 오로지 투바어로 떠들어대던 그들은 결국 자기들의 사연을 전달하지도 못한 채 총살당했다는 것이었다. 어처구니없기도 한 슬픈 이야기를 어떤 투바인한테 들었다.

그렇게 너무도 먼 투바에서, 코레야와 그 잔혹했던 이데올로기의 잔재를 다시 만났다.

Ⅲ. 바이칼, 안가라, 부리야트

이볼긴 다짠

이볼긴 다짠은 부리야트 공화국에서 가장 큰 라마교 사원이다. 참배객들과 관광객들이 많이 몰려든다. 울란-우데에서 버스도 자주 다닌다.

여러 가지 볼거리도 많다. 온실에서 키우는 보리수는 석가모니가 정각을 이룬 장소에서 가져온 것이다. 그리고 신비의 돌이 유명하다. 불교 신자가 아닌 관광객들은 사원에 들어서서 이리저리 둘러보며 사

이볼긴 다짠

진을 찍기 바쁘다.

신비의 돌 앞에 표시해 놓은 지점에서 사람들이 차례를 기다리고 있다. 거기서 15미터 정도 떨어진 돌을 향해 눈을 감고 걸어간 뒤 돌을 만지게 되면 행운이 찾아온다는 것이다. 사원의 법당보다는 이 돌 앞에 사람들이 많이 몰려 있다. 신심과는 다소 거리가 멀어 보이는 사람들의 걸음걸이들. 관광객들도 꽤 섞여 있다. 나도 눈을 감고 눈 여겨 보았던 그 신비의 돌을 향해 발걸음을 떼었다. 한 발 한 발 옮기며 조그만 소원을 입속으로 읊어 보기도 했다. 한참 지난 것 같아 눈을 떠 보니 신비의 돌은 오른쪽 저만치에 있었다.

부질없는 짓이었다. 그 소원이란 게 대체 뭔가. 간절한 것이었던가. 법당의 지붕 위에서 법륜과 사슴들이 황금빛을 발하고 있다. 정색을 하며 마니차가 있는 곳으로 발걸음을 옮긴다.

사원을 빙 둘러 싸고 있는 마니차를 돌리며 발을 뗄 때였다. 한 부리야트인이 엄한 표정으로 고개를 저었다. 신실한 불교도였나 보다. 내게 방향을 거꾸로 틀라고 하는 것이었다. 낯이 뜨거워졌다.

사원을 둘러싼 마니차

마니차는 시계방향으로 걸어가며 돌려야 했다. 원통이 적힌 '옴마니반메훔'이란

이볼긴 다짠의 본전

육자 진언이 눈에 들어온다. 관세음보살의 자비를 뜻하는 주문으로, 이것을 지극정성으로 읊으면 번뇌와 죄악이 사라지고 온갖 지혜와 공덕을 갖추게 된다고 한다. 마니차의 원통이 돌아가는 소리가 삐-익-삐-익 들려왔다. 수많은 사람들의 간절함을 담은 그 손길들을 받아내느라 지쳐 힘에 겨워 죽겠다는 소리 같았다. 조금 전 내가 마니차를 돌릴 때, 그 본뜻 대신 번뇌와 욕심으로 가득 찬 소원을 빌지 않았을까. 다시 몇 개의 마니차를 돌렸다.

묵묵히 사원 안의 법당들을 지나칠 때였다. 유독 한 법당 앞에 사람들이 몰려 있었다. 관광객들이나 단순한 참배객은 아닌 듯이 보였다. 수심과 간절함이 묻어 있는 굳은 표정들이었다. 부리야트인 뿐 아니라 러시아인들도 그 대열에 섞여 있었다.

갑자기 법당 문이 살짝 열리며 일곱 여덟 명 되는 사람들이 주섬

고승을 친견하려 기다리는 신자들

주섬 밖으로 나왔다. 이어 붉은 가사를 걸친 승려가 슬쩍 밖을 내다보았다. 안경 속 눈매가 매서우면서 날카로운 인상이었다. 밖에서 대기하던 다른 무리가 우르르 법당으로 들어갔다.

마당에서 사람들과 섞여 있던 젊은 승려에게 물어보니, 그 법당에 있는 안경 낀 그 승려를 '좌산' 라마라고 했다. 법력이 아주 높다는 것이었다. 그래서 그를 접견하기 위해 전국 각지에서 온다고 했다.

한 십분쯤 지났을까, 한 떼로 들어갔던 부리야트인 일행이 어두운 낯빛으로 법당을 나왔다. 법당 밖에서 안절부절 못하고 서 있던 젊은 라마가 빠르게 그들 곁으로 다가갔다. 친척인 것 같았다. 부리야트 말로 하는 대화를 알아들을 수 없었다. 다만 옆으로 고개를 저으며 어두운 표정을 짓는 것으로 미루어 그들의 소망이 이루어지기 힘들다는 것을 눈치로 때려잡을 수 있었다. 어떤 사연인지는 몰라도 무거운 뭔가가 그들을 짓누르는 게 분명했다. 법당 앞에 대오를 한 그들은 오체투지를 하기 시작했다.

관광객들은 그런 그들의 모습을 열심히 카메라에 담고 있었다.

이볼긴 다짠을 나와 버스를 탔다. 얼마쯤 지났을까. 초원 위에 오뚝한 산허리에 하얀 회칠로 된 글씨가 눈에 들어왔다. 그것은 다름 아닌 러시아문자로 표기한 '옴마니반메훔'이었다. 마니차가 돌아가는 삑삑 소리가 다시 들려오는 것만 같았다.

산허리에 쓰여진 '옴마니반메훔'

어느 순례자

부리야트의 한 다짠에 들렀을 때였다. 인적도 없는 사원 입구에 상인들 몇이 앉아 물건을 사라고 좌판을 내밀었다. 향과 초, 그리고 오방색의 천 조각들이 놓여 있었다. 사원 안팎의 나무들마다 그 여러 색의 천들이 묶여 펄럭였다. 천을 하나 사며 그 명칭을 물었다. '성공을 기원해주는 말'이라 했다. 손수건만한 그 푸른 천에는 백마가 갈기를 휘날리며 달리는 문양과 부리야트어로 된 불경 구절이 프린트 되어 있었다. 어떤 성공일까. 속세에서 하고픈 갈망들을 속으로 되뇌었다.

사원 가장자리에 있는 나뭇가지에 그 천의 한끝을 묶었다. 흙먼지를 몰고 바람이 훅 일었다. 천 속의 말은 바람을 가르고 흙먼지를 일으키며 내달리기 시작했다. 그때였다.

'성공을 기원해주는 말'을 새긴 천들

한 노파가 무심히 앞을 지나갔다. 남루한 밤색 점퍼와 검정 치마를 걸친 노파의 낯빛도 그녀의 옷색과 비슷했다. 하얀 탑을 만지며 우물쭈

물하며 가련한 눈빛으로 나를 쳐다보는 노파. 오랜 세월 햇빛에 그을린 그녀의 이마 속에 파묻힌 깊은 골이 눈에 들어왔다. 나도 모르게 주머니로 손이 갔다. 러시아 정교회 성당 앞에서 다른 이의 도움을 청하는 이들을 심심치 않게 보았던 터였다.

노파는 사원 한끝으로 갔다가 도로 내 쪽을 향해 다가왔다. 가까워지는가 싶더니 다시 방향을 틀어 저쪽으로 갔다. 몇 차례 그런 동작이 되풀이되었다. 그녀가 내게 뭔가 원하고 있지만 무안해서 저러는 것이라고 짐작했다. 그녀한테 다가간 나는 주머니에서 만지작대던 지폐 한 장을 꺼내 내밀었다. 그러자 노파는 놀란 눈으로 나를 바라보더니 곁의 본전本殿을 손으로 가리켰다. 그리고는 그대로 내 곁을 지나쳐 갔다. 새카만 얼굴 속에서 반짝거리는 노파의 두 눈. 뭔가 잘못 짚었나 싶었다. 얼굴이 뜨거워졌다.

한 다짠의 법당 내부

얼른 본전으로 들어섰다. 내 또래의 붉은 승복을 걸친 라마는 경을 읽다가 아르샨이라는 성수를 손바닥에 따라주었다. 그는 법의로 입을 가린 채 그것을 마시라고 알려주었다. 성수를 입에 댄 뒤 불전함을 찾았다. 노파의 손짓이 무엇인지 좀 의아했었다.

유리로 막은 여러 불상들을 거쳐 본전의 주위를 시계방

수행중인 글 속의 순례자

향으로 돌아 나오려 할 때 불전을 놓는 접시가 보였다. 거기엔 지폐 두어 장과 동전들이 담겨 있었다.

아마 노파는 거기에다 돈을 놓으라고 한 모양이었다. 노파에게 주려했던 지폐를 접시에 내려놓았다. 밖으로 나왔다. 노파가 또 저쪽에서 나타나 이쪽으로 마니차를 돌리며 묵묵히 오고 있었다. 노파와 승려를 빼면 사원 안에서 만난 사람은 없었다. 노파에게 주제넘은 생각을 했던 게 미안해졌다. 노파는 사원 울타리를 끼고 설치해놓은 십여 개의 마니차를 돌리며 수행 중이었다.

서늘하고도 청정한 기운이 주위를 감싸고돌았다. 그때 '묵묵히'란 말이 떠올랐다. 발길을 돌려 사원을 빠져나왔다. 뒤돌아보니 내가 매단 백마가 펄럭펄럭 허공을 가르고 있었다. 그 밑을 다시 노파가 지나갔다. 묵묵히 자기 길을 가야 할 때 같았다.

아바이 게세르

시베리아는 신들의 고향이다. 거기서 텡그리는 천신을 일컫는다. 시베리아 뿐 아니라 중국 북동지역과 몽고 등지에서 텡그리를 믿는다. 탕그리라고 부르기도 한다.

텡그리의 개념과 상, 중, 하계의 우주관을 잘 보여주는 게 부리야트의 영웅서사시 '게세르'이다. 신화의 성격을 띈 '게세르'는 동북아시아 샤머니즘 세계에서의 우주관, 그리고 하늘세계와 대비된 지상과 인간의 의미를 드러내는 귀중한 구비문학 자료이다.• 게세르는 영웅서사시의 주인공 이름인 동시에 제목이기도 하다. 부리야트에서는 '아바이 게세르'로 부른다.

인간을 위하고, 우주와 지상에서의 평화에 대한 지향이 '게세르' 속에 나타나는 근원적인 사상이다. '게세르'에 나타나는 중심 줄거리는 다음과 같다.

태초의 우주는 최상의 위치를 차지하는 '영원한 푸른 하늘', 즉 '후

• 일리야 N. 마다손 채록, 양민종 역주, 《바이칼의 게세르 신화》, 솔, 2008.

부리야트 공화국의 수도 울란-우데 시내에 서 있는 게세르 동상

헤 문헤 텡그리' 아래에 여러 천신들이 사는 하늘세계, 사람들이 사는 땅위의 세계, 그리고 에를렉 한의 영토인 지하세계로 나뉘어 조화로운 모습을 하고 있었다.

하늘세계의 동서남북 4개 방위에도 각기 다른 하늘 신들이 살고 있었다. 신들은 언제나 후헤 문헤 텡그리의 속마음을 알고 싶어 했고, 그에게 자신의 소원을 전하고자 노력했다. 그와 같은 교량 역할을 하는 이가 바로 후헤 문헤 텡그리의 아들인 에세게 말라안 텡그리였다.

에세게 말라안의 자식들 가운데 장자인 에레 유렌과 그의 동생들은 지상에 존재하는 정령들과 하늘 신들 사이를 이어주며, 직접적으로 사람들에게 큰 행복과 기쁨을 전해주기도 하였다. 에세게 말라안에게서 만잔 구르메라고 불리는 노파가 태어났는데, 그 노파는 하늘세계에서 새로 태어나는 생명들을 책임지는 우리의 '삼신할머니'와 비슷한 역할을 한다.

하늘세계의 서쪽에는 인간에게 도움을 주는 선한 텡그리들이 함께 모여 살았는데, 서쪽 하늘 텡그리들의 지도자는 한 후르마스였다. 한 후르마스는 서쪽하늘의 다른 텡그리들보다 연장자였다. 그는 아들을 셋 낳았는데, 세 아들 모두 다 하늘 신들 가운데에서도 장사들이었다. 그 중 둘째 아들의 이름은 벨리그테였다. 벨리그테는 지상의 인간들을 구원하기 위해 하늘에서 신으로서의 삶을 포기하고, 죽음을 겪어야 하는 인간으로 지상에 환생해서 아바이 게세르라는 이름을 얻게 된다.

그가 인간으로 환생하는 까닭은 이렇다.

하늘 세계의 동쪽에도 텡그리들이 살았다. 하지만 그들은 지상의 인간들에게 불행을 가져다주는 사악한 신들이었다. 동쪽 진영에 속하는 텡그리들의 우두머리는 아타이 울란이었다. 그는 동쪽 진영의 하늘 신들 가운데 가장 나이가 많았고, 동쪽 하늘에 속한 사악한 신들의 조상이라고 알려져 있다. 아타이 울란에게도 세 아들이 있었다.

악을 물리치고 있는 게세르
(우스찌-오르다의 향토박물관)

그러던 중 하늘 세계에서 신들의 전쟁이 일어났다.

서쪽 진영 하늘 신들의 지도자인 한 후르마스의 둘째 아들인 벨리그테는 동쪽 진영의 하늘 신들의 우두머리인 아타이 울란의 세 아들을 살해했다. 그리고 그들의 사체를 지상으로 던진다. 지상으로 떨어진 이들의 사체들은 마법사와 정령으로 변신하여 부활한 다음 지상에 온갖 불행을 불러오는 사악한 세력이 된다.

하늘에서도 인간 세계를 괴롭히는 이 악의 무리를 더 두고 볼 수 없는 노릇. 누군가 지상으로 내려가 강력한 이들을 물리쳐야 했다. 그 역할을 수행한 게 벨리그테였다.

울란-우데 외곽에 있는 게세르가 강림했다는 장소

지상으로 내려온 그가 바로 '게세르'의 주인공인 아바이 게세르이다. '아바이'는 부리야트인 사이에서 '선조', '아저씨' 혹은 '아버지'라는 의미를 갖고 있으며, 오늘날에도 연장자의 이름 앞에 붙이는 일반적인 존칭이다. 또 존경의 마음을 담은 호칭으로 사용된다. 벨리그테는 지상의 인간들을 돕기 위해, 하늘 신(텡그리)의 지위를 포기하고, 역시 신의 지위를 버리고 인간으로 환생한 여인과 지상의 인간 사이의 아들로 태어난다. 인간이 된 벨리그테나 그의 어머니는 통과의례 같은 지상의 수많은 어려움을 견뎌내야만 했다.

성인이 된 그는 신비한 영산에서 하늘 신과 영웅으로 면모를 갖춘 뒤 지상의 지배자라는 '아바이 게세르'라는 이름을 얻는다. 그는 인간 세상으로 돌아와 사악한 세력들을 물리치고 인간들을 악의 세력에서 해방시킨다. 그렇게 다시 우주와 지상에 조화와 평화가 찾아온다.

1925년 육당 최남선은 자신의 글 〈불함문화론〉에서 부리야트의 '게세르'에 관심을 보인다. 그에 따르면 "부리야트 종교에서도 천상계 최상의 선신(善神)은 부단히 가운데 나라, 즉 인간계의 상태를 시찰하여, 재액으로 고통을 받는 경우에는 신자(神子)-천신의 아들들을 하강시켜 구제하신다는 신앙이 있다"고 하며 우리나라의 환웅이 인간 세상을 이롭게 하기 위해 지상에 강림하는 것을 비교하고 있다. 또한 〈동명왕편〉과 〈혁거세전〉을 같이 다루며 천신의 아들 '게실 보그도'(게세르)를 소개하고 있다. 이는 우리 〈단군신화〉와 부리야트의 〈게세르〉에서 펼쳐지는 구조뿐 아니라 거기에 담긴 '홍익인간'이라는 건국이념까지 비슷하다고 강조한다.• 아울러 육당은 단군과 같은 어원인 당굴이 텡그리를 일컫는다고, 그 음운상의 유사성을 주장한다. 육당의 말대로라면 이제 우리나라에서 천신을 의미했던 당굴은 당골, 단골 등으로 바뀌며 무당을 일컫는 의미로 전락하고 말았다.

게세르와 만잔 구르메(우스찌-오르다의 향토박물관)

일반적으로 '게세르'는 티베트, 몽골, 부리야트인들의 구비영웅서사시를 말한다. 티베트와 몽골의 게세르는 불교적 요소와 영웅의 이야기를 다룬 서사시의 특징을 보이는 반면 부리야트 게세르는 샤머니즘 세계관에 입각한 신화의 특징을 보인다.••

그렇게 아바이 게세르는 우리의 단군처럼, 부리야트 사람들의 정신세계에서 큰 부분을 차지하고 있다.

십년 전쯤일까. 한국 의학계의 한 학자는 당뇨병을 연구하며 실험한 결과로 볼 때, DNA상 한국인과 부리야트인이 가장 가까운 혈통이라고 주장한 게 문득 떠오른다. 그래서일까, 많은 이들이 민족의 시원을 내세우며 바이칼로 향한다.

• 최남선, 정재승 · 이주현 역주, 《불함문화론》, 우리역사연구재단, 2008.
•• 일리야 N. 마다손 채록, 양민종 역주, 《바이칼의 게세르 신화》.

하얀 노인, 사간 우부군

부리야트인들은 '사가알간'(하얀 달)이라는 축제를 겨울에 연다. 몽골식의 음력달력으로 새해의 시작을 알리는 아주 중요한 축제이다. 보통 양력으로 1월말이나 2월 중에 열리는데, 드물게는 3월초가 축제 시기가 되는 때도 있다. 불교를 바탕으로 하는 이 축제는 예전에 거의 한 달 가까이 이어졌는데, 요즘은 보통 2-3일 정도 열린다. 우리식으로 말하면 설빔을 입고 친지를 찾아다니며 인사를 하고 또 손님을 맞아들인다. 몽골족과 그 일파인 칼미크, 그리고 몽골족은 아니지만 몽골과 가까운 투바에서도 거의 같은 양식의 축제가 열린다. 투바에서는 '샤가아'라 부른다.

류보피 베르트코바의 그림
'사가알간' 속의 사간 우부군

이 축제의 상징은 축제 때 보통 '하얀 노인' 또는 '눈 할아버지'로 부르는 존재이다. 축제가 열리면 하얀 수염을 붙인 노인이 상징처럼 등장해 아이들에게 선물을 나누어주곤 한다.

투바에서는 이 신격을 '소오크 이레이'라 부른다. 축제는 불교에서 비롯되었지만, 지금 축제 때 등장하는 이 '눈 할아버지'가 대중들 사이에 나타난 것은 그리 오래 되지 않았다고 한다. 아마도 기독교의 크리스마스 때 등장하는 산타클로스의 변용인 듯하다.

하얀 눈썹과 수염을 특징으로 하는 '사간 우부군'은 부리야트 말로 '하얀 노인'인데 불교에서 비롯된 숭배의 대상이다. 부리야트인들은 '사가알간' 기간뿐 아니라 평소에도 그에 대한 믿음이 깊다. 삶의 보호자이자, 장수, 풍요와 안녕을 관장하는 것으로 알려져 있는 사간 우부군의 제단에 부리야트인들은 흰 우유를 올린다. 사간 우부군의 상을 불교사원에서 자주 만난다. 또 들판에 세워진 장승 형태나 마을 입구의 정자에 모셔져 있기도 하다.

헌데 그 불상으로 서 있는, 아니면 불화 속에 나타난 사간 우부군을 볼 때 우리나라 사찰에 있는 '독성'과 흡사하다. 독성은 나반존자로 알려져 있는데 보통 독성각이나 삼성각에 모셔져 있다. 헌데 문제는 독성은 한국에만 있는 신격이라는 것이다. 단군과 연결 짓는 독성. 그렇다면 부리야트의 '사간 우부군'은 모습만 비슷할 뿐 다른 신격일까. 그 상 앞에서 고개만 갸우뚱거릴 뿐 저 우주에서 벌어

울란우데 향토박물관

독성 탱화. 천안 광덕사

지는 일 같아 아무것도 모르겠다. 원래 우리 불교에는 독성이 없었는데, 불교가 전래할 때 이미 민간에서 받들던 독성을 흡수한 것이라는 최남선의 주장이 정설로 받아들여진다. 독성은 다름 아닌 단군이 선계로 들어간 존재이다. 물론 불교계에서는 이 같은 주장에 대해 반박을 내놓기도 한다.

어쨌든 불교에서 유래한 사간 우부군과 우리나라에만 있다는 독성의 형상이 너무도 비슷하다.

탱화 속 사간 우부군. 출처 www.asiarussia.ru

샤먼센터

부리야트의 샤먼을 만나려 울란-우데의 변두리 코무쉬카라는 동네에 갔다. 잿빛 슬레이트 지붕을 얹고 벌판에 휑하게 서 있는 건물이 '텡그리 샤먼센터'였다. 간판 옆으로 푸른 천을 감은 기둥들이 늘어서 있었다.

건물로 들어가려는데 샤먼으로 보이는 남자가 손에 사탕과 잔을 받쳐 들고 마당으로 나왔다. 마당 구석에는 시커멓게 그을려 있는 돌이 있었다. 아마 제의 뒤 옷가지나 부적 따위를 태우는 장소 같았다. 남자는 잔에 담긴 액체를 사방에 뿌리며 중얼댔다. 뒷전을 치는 모양이었다.

건물 안으로 들어가 보니 여러 개의 방이 있었다. 여러 명의 샤먼

부리야트의 '텡그리 샤먼센터'

바이겔 하탄으로 보이는 무신도

이 각자의 방에서 손님을 맞는 방식이었다. 한 쪽 벽에는 샤먼들의 사진이 빼곡하게 담긴 액자가 걸려 있었다. 대부분의 벽을 무신도巫神圖들로 채웠다. 부리야트 사람들이 믿는 신들 같았다.

방 하나를 골라 접견을 신청했다. 입구에서 무속 관련 책자와 초, 실, 사탕, 과자 등 샤먼의 신당에 들어갈 때 필요한 물건들을 팔고 있었다.

나를 맞이한 샤먼은 노파였다. 한국에서 왔다는 것을 말하자 그녀는 반색을 했다. 작년에는 미국에서 전 세계 샤먼들의 모임이 있었는데 자기도 다녀왔다고 자랑을 늘어놓았다.

"그래 뭘 알고 싶어요?"

방을 둘레둘레 살피던 내게 물어왔다. 애당초 내 신상과 관련한 일로 거길 갔던 것은 아니었다. 시베리아의 큰 도시면 으레 있는 향토 박물관에 전시된, 요란한 무구巫具를 걸친 모형이 아니라 실제 샤먼을 만나보고 싶어서였다.

소의 형상으로 보아 부리야트 샤먼들이 최고의 무격으로 모시는 부하-노용 같다

나는 좀 생뚱한 질문을 던졌다. 그렇다고 영 뜬금없는 것도 아니었다.

"여기 샤먼들은 텡그리(천신)도 만나나요?"

텡그리를 내건 샤먼 센터라 그런 질문을 한 것뿐이었다.

그녀는 내 질문이 좀 생뚱맞았나 보았다. 그녀를 찾는 방문객들은 다들 가족의 안위와 성공, 건강 따위로 이곳을 드나들고 있을 터였다. 아주 잠깐 어이없다는 표정이 그녀 얼굴 위에 머물렀다 사라졌다. 텡그리를 대번에 올린 내가 당돌하게 보였는지도 몰랐다.

"우리 부리야트 샤먼들은 저 높은 곳에 계시는 텡그리들은 못 만나요. 샤먼이 볼 수 있는 최고의 신격은 '부하-노욘'이예요."

알 수 없는 신격들이 더 나왔다. 그 중 하나가 바이칼 여신으로 알려진 '바이겔 하탄'이었다. 차례를 기다리며 밖에서 본 물 속의 여신이 아닌가 추측했다. '부하-노욘'은 소의 형상으로 알아들었다. 그런 무신도도 밖에 있었다.

"그 신격들은 텡그리는 아니예요. 여기까지 왔으니 내 얘기 듣고 가요."

여러 무격에서 빠져나온 그녀는 나에 대한 이야기를 시작했다. 그녀의 말로는 내 혼이 몸에서 자주 빠져 나간다고 했다. 그녀를 바라보는 내 표정이 뜨악해졌다. 혼을 도로 불러들여야 한다고 했다. 그녀는 나더러 피곤해서 늘 눕고 싶고, 잠자고 싶고, 매사 의욕이 떨어지고, 기운도 없지 않느냐고 했다. 실제 그랬다. 하지만 그렇지 않은 사람이 몇이나 될까. 의혹에 찬 내 눈초리를 의식해서인지 그녀

투바의 샤먼센터 '곰의 영혼'의 한 신당

'곰의 영혼'의 샤먼과 함께

는 내 양쪽 네 번째 손가락을 볼펜으로 재어보았다. 마디에 잡힌 주름의 길이가 보통 사람들은 딱 맞아 떨어지는데 그렇지 않다는 것이었다.

네게 굿이 필요한데 자기는 시간이 없다고 말했다. 모레 바이칼의 올혼섬에서 열리는 타일라간(제천행사 형식의 큰 굿)에 참여하기 위해 떠난다는 것이었다. 그러면서 한국에 가면 꼭 무당을 찾아가라고 당부를 했다.

"시베리아에 다시 와야 해요."

알쏭달쏭한 말로 그녀는 인사를 갈음했다. 그러면서 그때는 꼭 들러야 한다고 다짐을 놓았다.

그 여자 샤먼의 말이 사실이든 아니든, 그 뒤 나는 여러 차례 시베리아 땅을 밟았다. 그녀가 살고 있는 울란-우데에도 다시 가게 되었다. 비록 그녀를 찾아가지 않았지만.

몇 년 뒤 투바의 '곰의 영혼'이라는 샤먼 센터에서도 시베리아에 다시 오라는 같은 소리를 또 들었다. 나는 웃음을 흘렸다. 어쩌면 그냥 흘려버릴 말이 아닌가 싶기도 했다. 이 광대한 시베리아를 어찌 몇 번으로 다 안단 말인가. 나는 정색을 하고 고개를 끄덕였다.

부리야트의 나이 든 샤먼의 그 얼굴이 그 말 위로 스쳐 지나갔다.

쿠르불릭, 사자死者들

바이칼 호 동쪽에 툭 튀어나온 반도를 러시아어로 '스뱌토이 노스'(신성한 코)라고 부른다. 지도에서 보면 정말 뾰족하게 솟은 코 같다. 그 반도의 연안에 '쿠르불릭'이라 부르는 마을이 있다. 퉁구스어의 일파인 에벤키어에서 유래한 그 지명의 뜻을 나는 지금도 알지 못한다. 퉁구스어로 붙여진 시베리아의 지명은 너무도 많다. 러시아 사람들은 쿠르불릭 대신 그 곳을 러시아식의 또 다른 지명, 우리말로 풀면 '죽은 자들'이라는 뜻의 '파코이니키'라고도 부른다. 기괴한 지명이다.

타이가를 헤치고 그 마을에 들어섰다. 울창한 나무들로 뒤덮인 언덕에 다다르자 십여 채 되는 집들이 눈에 들어왔다. 마을 이름을 나타내는 표지판에 '쿠르불릭'이라는 지명이 보였다. 마을에 들어서자 한국 사람은 처음이란다. 며칠 머물기로 한 민박집 주인에게 대체 '쿠르불릭'이 무슨 뜻이냐고 물었다. 그러자 러시아인인 자기보다 내가 더 잘 알 것이라며 웃어넘긴다. 연유인즉 '쿠르

마을 입간판

쿠르불릭

불릭'은 퉁구스 말이라 러시아인인 자기도 모른다고 덧붙이며 두 팔을 활짝 펼쳤다. 그러면서 내가 더 잘 알 것 아니냐고 너스레를 떨었다.

이제는 현대 문명에 흡수되어 거의 사라진 에벤키족. 시베리아와 흑룡강(아무르강 약 4,500km) 너머에 이르는 광활한 지역에 분포했던 그들의 자취는 시베리아 곳곳의 지명으로 남아 있었다. 그렇게 뜻도 모르는 에벤키 단어 '쿠르불릭'을 내건 마을에 짐을 풀었다.

그 날 저녁이었다. 민박집에서 내온 식사로 만두가 나왔다. 만두소는 바이칼에서 제일 유명한 '오물'(청어의 일종)이었다. 만두를 한 입 베어 물었을 때 기름이 주르르 바지 위로 흘러 내렸다. 그 때 주인 남자가 보드카 병을 들고 다가왔다. 술잔이 오갔다.

"우린 자주 이곳을 '파코이니키'라고 부릅니다."

아직 쓴 보드카의 뒷맛이 혀에 남아 있어서 그 말을 잘 알아듣지 못했다.

"'파코이니키'라뇨?"

나는 눈을 동그랗게 떴다.

"예, 파코이니키!"

순간 나는 어스름에 잠긴 울창한 숲을 수상한 눈길로 빠르게 훑었다. 사자死者들. 그게 어디 지명이랄 수 있을까. 공동묘지 이름도 그렇게 붙일 리가 없다. 주인남자의 말이 이어졌다. 그가 태어나기 전, 그러니까 그의 아버지가 이 마을로 들어올 때 들은 이야기라고 했다.

"오스쪼르 때문이죠. 마을 사람 대부분이 몰살했답니다. 그래서 파코이니키라 부릅니다."

'오스쪼르'는 어려서 듣고 또 영화나 드라마에서 본 하얀 소복의 귀신처럼 내게 달라붙었다. 어둠에 싸인 숲이 바람에 쏴아-쏴아 했다. 시베리아 원주민들은 부정한 존재들을 두려워한다. 그 사악한 정령들이 저 숲에서 나를 뚫어져라 쳐다보는 것만 같아 으스스했다. 아마도 오스쪼르도 그중 하나일 것이었다.

"오스쪼르는 사악한 정령이 아니라 물고기예요, 하하!"

자꾸 의심에 차서 주위를 두리번대는 내게 보드카 잔을 건네며 주인남자가 웃었다. 그 거대한 물고기는 기름이 많은데, 마을 사람들이 그걸 생으로 나눠먹고는 탈이 난 게 분명하다고 했다. 주인남자는 그래서 그곳이 파코이니키가 되었다는 설명이었다.

불쑥 언젠가 읽은 책의 내용이 떠올랐다. 바이칼의 올혼섬에 사는 한 어부의 그물에 철갑상어가 걸려들었다. 건져 올려보니 철갑상어의 아가미에 샤먼이 달아놓은 것으로 보이는 구리 장식이 달려 있었다. 이를 본 다른 부리야트인들은 께름해서 도로 놓아주자 했지만 어부는 그 말을 못들은 척했다. 그 구리 장식은 자기 아이에게 노리개로 주었

우표 속 용철갑상어

다. 그런데 며칠 지나지 않아 아이의 몸에 물고기 비늘 비슷한 게 돋아났다. 그게 다가 아니었다. 몸이 뒤틀리며 굳어지는 증상을 보이기 시작했다. 마을 사람들은 그 철갑상어가 샤먼이 신령에게 바친 물고기였을 거라고 수군댔다.•

책에서 본 그 철갑상어가 오스쪼르가 아니었을까. 쿠르불릭, 아니 파코이니키에서 그런 상상을 했다.

방 앞에서 철썩대는 바이칼호의 파도 소리를 들으며 잠을 청하고 있었다. 온통 주변을 휘감은 물결 소리. 나는 꿈결에서 백과사전 속 고대의 물고기가 퍼덕거리며 물 위로 솟구치는 꿈을 꾸고 있었다. 이 마을 사람 전부를 죽음으로 몰고 간 그 '오스쪼르'라 불리는 거대한 물고기였는지도 몰랐다.

오스쪼르가 '용철갑상어'라는 건 나중에 알았다.

• 게 아요르잔, 이안나 옮김,《샤먼의 전설》, 자음과 모음, 2012.

바이칼 아냐

아냐는 바이칼호에 붙은 벽촌에 사는 어부의 딸이다. 그 아이는 열살이었다. 초록빛 눈은 맑은 빛을 뿜어낸다. 아냐를 만나면 일단 그 붙임성에 누구든 마음이 끌릴 것이다. 터럭하나 묻지 않은 것 같은 질문들이 쏟아진다.

아냐의 집은 10여호 되는 마을에서 '투루바자'라는 형태의 민박집을 운영한다. 말이 민박집이지 방으로 들어가면 삐꺽거리는 철침대가 놓여 있다. 거의 모든 것을 자급자족하는 가족이다.

아냐는 여름방학이라 집에 와 있었다. 학교는 차로 두 시간 가량 떨어진 면소재지 정도 되는 곳에 있어 기숙사에서 생활한다. 학기 중에도 대개 2주에 한 번 꼴로 집에 온다고 했다. 학교는 오빠가 모는 '니바'라는 오래된 러시아 지프로 데려다주고 데려 온다. 소련 시절 생산되었을 그 지프가 고장 나면, 집에서 손수 철판을 그라인더로 자르고 다듬은 부품으로 만들어 교체한다.

민박으로 꾸민 아냐의 집

바이칼에서 잡아온 오물을 정리하는 아냐의 가족

두꺼운 철판으로 이루어진 보트는 아냐의 아버지가 물고기를 잡는 데 쓴다. 그 배도 분명 소련 시절 생산된 것 같다. 그 배의 부품도 집에서 만들어 교체하는 것을 보았다. 재주가 좋다. 그렇기에 정비를 위해 돈이 들어가지 않는다. 자동장치로 장착된 차들이 이런 곳에서 무슨 소용이 있을까. 투박하더라도 부품은 간단할수록 좋다는 생각을 했다.

이제 민박집까지 운영하기에 아냐의 집은 앞날이 밝은 것만 같았다.

바이칼의 수평선을 바라보며 백사장에 앉아 있을 때였다. 아냐가 호기심을 잔뜩 실은 눈과 함께 곁으로 다가왔다. 서울에 대해 이것저것 묻는다.

“거긴 기차가 다녀요?”

“그럼. 무척 자주 다니지.”

아냐는 딱 한 번 기차를 탔다고 했다. 손 뒤에 슬그머니 감추어두었던 그림을 내보인다. 학교 건물과 그 속에서 뛰 노는 아이들을 그린 것이었다. 솜씨가 훌륭하다. 아냐의 어머니한테 들은 바로는 아냐의 그림이 학교에서 최고로 뽑혀 이르쿠츠크에서 열린 사생대회에도 대표로 나갔다고 했다.

나도 그곳이 궁금해 아냐에게 이것저것 묻는다. 가령,

“여기도 늑대나 곰 같은 게 있니?”

“그럼요. 봄에는 곰이 화장실 있는 데까지 내려왔어요. 그러면 우리 개가 동네 개들과 함께 곰을 숲으로 쫓아내요.” 따위다.

뒤쪽이 아냐

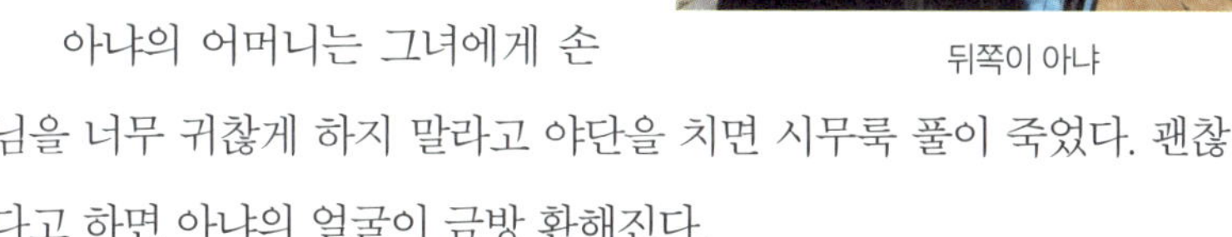

아냐의 어머니는 그녀에게 손님을 너무 귀찮게 하지 말라고 야단을 치면 시무룩 풀이 죽었다. 괜찮다고 하면 아냐의 얼굴이 금방 환해진다.

바이칼 호수 위로 배를 타고 나가고 싶은 날이 있었다. 아냐 아버지한테 슬그머니 부탁을 했다. 지금은 파도가 있어 못 나간다는 것이었다. 내 눈에 비친 파도는 그리 거세보이지 않았다. 햇빛을 받아 하얗게 된 물결은 한국 거리에서 흔히 팔고 있는 타코야키 위에 뿌려진 말린 가다랑어 포처럼 바르르 떨 정도였다. 어느 새 다가온 아냐가 하는 말.

“이렇게 보면 알 수 있어요. 파도가 물고기 비늘처럼 파르르 떨고 있으면 못 나가요. 이 때 나가면 큰일나요.”

열살짜리 아냐는 모르는 게 없다.

아냐의 집을 떠나오기 전날, 아냐의 아버지가 보드카를 내왔다. 그가 꺼낸 것은 앞날에 대한 걱정이었다. 앞으로 허가를 받지 않으면 바이칼에서 물고기를 못 잡게 한다는 정책이 발표되었다는 것이다.

여기 주민인데도 못 잡게 하느냐고 했더니 어쩌면 그럴지도 모른다고 했다. 그래서 집을 여기저기 손보며 민박집으로 바꿨다고 했다. 워낙 오지라 오는 사람도 거의 없다는 말도 덧붙였다. 그때 아냐가 슬그머니 옆에 앉았다.

"무엇보다 얘가 걱정이예요. 참 재주도 많은 아인데……."

아냐의 왼쪽 눈이 시력을 잃어간다는 것이었다. 문제는 그 진행속도가 점점 빨라진다는 것에 있었다. 대도시나 한국 같으면 쉽게 치료를 받지 않겠냐고 한숨을 내 쉬었다.

아냐와 헤어진 지가 6년 가까이 되어 온다. 나는 앨범에 든 아냐의 얼굴을 본다. 서글서글한 그 푸른 눈은 어찌 되었을까.

위장 결혼

몇 년 전 한 달 여정으로 시베리아를 다녀올 때였다. 갑자기 한국에 들어가야 할 일이 생겼다. 나는 울란-우데에서 일행과 떨어졌다. 밤차를 타면 비행기를 탈 수 있는 이르쿠츠크에 다음 날 아침에 떨어질 수 있다는 계산이었다.

일행이 내려놓은 호텔에 짐을 풀고 비행기표를 알아보았다. 성수기라 자리가 없었다. 호텔 로비에 있는 매표창구의 아가씨는 몇 시간 지나 다시 오라고 했다. 매표창구 옆 기념품 가게에서 서로 다른 칭기스칸 인형이 수염을 휘날리며 나를 바라보았다. 나는 자리를 뜨지 못하고 수시로 창구에 머리를 디밀었다. 한 부리야트 여성이 내게 몇 차례 눈인사를 건넸다. 낯이 익다. 나도 덩달아 고개를 까딱했다. 그녀도 비행기표를 구하는 모양이었다.

창구에 다가갔다가 어두운 표정으로 되돌아서기를 되풀이했다. 어쩌면 표가 안 나올지도 모른다고도 했다. 그때 그 여성이 내게 말을 걸어왔다. 자기를 한국에 데려가 달라는 것이었다. 한국비자가 나오지 않으니 자기와 서류상 결혼을 해달라는 게 그녀의 요지였다. 그러면서 최신형의 삼성 스마트폰의 화면을 눌러 내게 뭔가를 보여주려 애썼다. 나는 쓰디쓴 웃음을 지으며 고개를 저었다.

나는 그날 어렵게 표를 거머쥐었다. 그때까지 그녀는 호텔 소파에 앉아 있었다. 내 손에 들린 비행기표를 보고는 다시 눈인사를 하며 밖으로 나갔다.

그 다음해인가부터 한국과 러시아는 관광목적의 3개월 무비자 협정을 체결했다. 아마 지금쯤 그 부리야트 여인의 한국행 소망이 이뤄졌을지도 모른다.

바이칼의 분노

모든 것을 다 가졌다고 해도, 늘 누구에게나 어쩔 수 없는 것은 꼭 있는 법이다. 특히 자식 문제가 그렇다. 시베리아 땅에서 온갖 부와 명성을 지니고 있는 게 바이칼이다. 그 주변은 말할 것도 없고 멀리서부터 삼백여 개의 물줄기들이 그에게 고개를 조아리며 흘러든다. 막강한 권세를 누리고 있던 바이칼. 하지만 그에게도 어쩔 수 없던 게 자식이다.

바이칼을 둘러싼 전설 중 유명한 게 바이칼의 딸 안가라에 얽힌 것이다. 안가라는 바이칼의 수많은 자식들 중 외동딸이었다. 얼마나 예뻤을까. 오래 곁에 두고 싶은 딸이라 안가라를 거의 품안에 꼭 품고 있었다. 그래도 혼처를 정해야 할 때라 바이칼은 남쪽에서 흘러오는 이르쿠트를 점찍어 두었다. 아마도 이르쿠트에게 시집을 갔다면 바이칼은 지고의 행복을 누렸을 것이리라.

잔뜩 화가 난 듯한 바이칼. 우스찌-오르다 향토박물관

언젠가 갈매기들이 안가라에게 귓속말로 속닥였다. 큰 바다로 흘러드는 젊

안가라를 붙드는 애틋한 표정의 바이칼과
이를 뿌리치는 안가라. 가운데 '샤먼바위'를 두고 있다.
사얀 탄가노프의 그림

고 멋진 예니세이가 저 북쪽에 살고 있다고. 그 말을 들은 안가라는 예니세이에게 홀랑 마음를 뺏겼다. 급기야 안가라는 예니세이에게 가려 바이칼 몰래 도망을 친다. 이를 알아챈 바이칼의 분노는 하늘을 찔렀다. 하지만 자식을 이기는 부모는 없는 게 진리인가 보다. 안가라는 먼 길을 달려 결국 예니세이의 품에 안겼다.

그때 잔뜩 화가 난 바이칼이 안가라를 향해 던진 바위가 바이칼 리스트비얀카 근처의 '샤먼 바위'이다. 물에 잠겨 수면 위에 보일 듯 말듯 있는 샤먼 바위. 그 근처를 안가라강의 발원지라 말한다.

이르쿠트는 강 이름으로 여기에서 이르쿠츠크라는 도시 이름이 나왔다. 그리고 안가라는 바이칼에서 유일하게 빠져 나가는 강이다.

리스트비안카 근처
샤먼바위가 조그만 점처럼 보인다

몽골 접경의 투바공화국 키질 근처에서 발원한 예니세이는 그를 찾아 먼 길을 달려온 안가라의 내조를 받으며 북극해로 힘차게 흘러든다.

마쪼라와의 이별

이르쿠츠크의 한복판을 가르는 안가라강은 영하 40여도가 오르내리는 겨울에도 얼어붙지 않는다. 유속이 엄청 빠르기 때문이다. 그 상류 쪽에 댐에서 내려 보내는 물이 양이 많다는 말이기도 하다. 빠르게 질주하는 물살을 내려다보면 어찔하다.

이르쿠츠크 주민의 말을 들으면 전기를 공짜로 쓴다고 한다. 게다가 수력발전을 통해 생산되는 전력이 남아돌아 다른 도시에 판단다. 또 이르쿠츠크에서 꼭 가봐야 할 볼거리로 그 댐을 추천한다. 하기야 우리나라에서도 소양강댐, 팔당댐 등 많은 곳이 풍광을 자랑하는 명소이긴 하다.

즈나멘스키 수도원에 안치된 라스푸틴의 묘비

나는 안가라강과 댐이 있다는 상류 쪽을 바라다보았다. 그러면서 '마쪼라'라는 단어를 입에 올린다. 안가라강을 떠올리게 하는 지명이다. 마쪼라는 안가라강 상류에 있던 섬의 명칭이기도 하고 그 속의 마을을 그렇게 불렀었다. '마쪼라'라는 그 지명은 아마도 러시아 단어 중 어머니 뜻의 '마쯔'에서 온 것 아닐까, 그 단어를 문법에 따라 변형시키다 생겨난 것 같은 지명. 어느 누군가에게는 어머니 품같던 그 마쪼라는 이제 없다. 안가라강에 댐이 들어서며 수몰되어 버렸다. 지금 눈앞을 쏜살같이 지나가는 저 물들은 아마도 수장된 마쪼라를 훑으며 지나온 것이었지.

마쪼라가 떠오른 것은 조금 전 들렀던 이르쿠츠크의 유서 깊은 즈나멘스키 수도원을 들렀다 온 까닭일 터였다. 안가라 강변에 초록빛 지붕을 한 청아한 수도원. 많은 정교 신자들이 기도를 하러 들락거린다. 여기가 유명해진 다른 까닭은 유형 온 데카브리스트들과 가족의 무덤들이 있기 때문이다. 그런데 거기에 발렌틴 라스푸틴의 이름이 눈에 띄었다. 새로 조성된 묘였다.

아직 살아있는 줄 알았는데 2015년 타계한 것이다. 러시아 현대문학에서 '농촌작가군'으로 구분하는 일련의 작가들이 있다. 라스푸틴이 대표적이다. 시베리아에서 태어난 그는 작품에서 시베리아 현실을 다룬다. 세대 사이의 갈등, 오래 이어온 전통이 파괴되어 가는 현장, 산업화에 따른 도시와 농촌간의 괴리 등.

〈마쪼라와의 이별〉 책 표지

마쪼라는 러시아의 작가 발렌틴 라스푸틴의 소설 〈마쪼라와의 이별〉의 무대이다. 어머니처럼 그 속의 모든 생명체를 보듬던 마쪼라는 댐 건설에 따라 물에 잠기게 되어 있다. 대대로 마쪼라의 품에 뿌리를 내리고 있던 많은 노인들은 낯선 도시의 공동주택으로 이주를 한다. 그렇게 철거반원들은 마을 주민들 대부분을 소개시켰다. 그들은 주민들이 떠난 텅 빈 집들에 불을 놓는다. 마을의 기억들 하나하나가 연기 속으로 사라져간다.

이르쿠츠크의 라스푸틴 박물관

읽은 지 꽤 된 소설 〈마쪼라와의 이별〉 속에 남아 있는 두 장면이 있다. 바로 마쪼라의 '대왕낙엽송'과 여주인공인 노파 다리야가 집을 비우기 전 하는 의식이다.

'대왕낙엽송'은 예전 우리 마을 앞에 서 있던 당산나무와 다름이 없다. 소설 속에서 철거반원들은 '대왕낙엽송'을 베어 버리려 여러 차례 중복 시도하지만 실패로 끝난다. 톱날도 먹혀들지 않고 불에 태워 버리려 하지만 대왕낙엽송은 꿈쩍도 않는다. 하지만 거대한 시대의 흐름에 어쩔 도리가 있을까? 그래도 소설 속 '대왕낙엽송'은 여전히 신성한 생명나무로, 우주목으로 다가든다.

그리고 제의.

이 작품의 주인공인 노파는 자기가 살던 오두막집을 떠나기 전날 정성스레 집 안 곳곳을 닦고, 색을 칠한다. 곧 불길에 휩싸일 오두막. 그녀가 철거반원에게 한 부탁은 절대 집 안에 들어가지 말고 바깥에서 불을 놓으라는 것. 마지막으로 단장을 한 집안을 더럽히지 못하게 하기 위해서였다.

이르쿠츠크 시내를 지나가는 안가라강

소설 속 무대인 수몰되기 직전의 마쪼라와
불타고 있는 낙엽송을 재현한 미니어처. 라스푸틴 박물관

결국 그런 수많은 사연들을 담은 마쪼라도, 마을을 지키던 대왕낙엽송도 전설이 되어 안가라강 깊숙이 잠겨 버렸다.

강물은 바빠 죽겠는데 그 따위를 따질 시간이 어디 있냐는 듯, 뒤돌아보지 않고 예니세이를 향해, 북극해를 향해 세차게 내달린다.

이르쿠츠크의 술

보드카는 러시아의 술을 대표한다. 투명한 액체에 보통 알코올 함량이 40도인 보드카가 가장 흔하다. 보드카는 집에서 만들기도 한다. '사마곤'이라 부르는 이 밀주는 알코올 함량이 50도를 훌쩍 넘기도 한다. 집집마다 차이가 있지만 시중에서 파는 보드카보다 훨씬 맛도 좋고 숙취도 적다. 공장에서 대량생산 되는 보드카보다 주정이 좋다는 말이다.

2016년 시베리아의 이르쿠츠크 한 마을에서 가짜 보드카 때문에 주민들이 집단 사망한 사건이 벌어졌다. 사망자가 80명 가까이 된 이 사건은 25세에서 50세에 이르는 연령대에서 발생했다.

러시아 당국이 조사를 거쳐 발표한 내용은 사상자들이 값이 비싼 보드카 대신 가게에서 파는 피부보습용 토너 '보야리쉬닉'을 마신 것으로 확인되었다는 것이다.

산사나무 추출 수액을 가미한 이 제품의 성분을 조사한 결과, 에틸알코올이 아니라 메틸알코올이 들어 있었다고 밝혀졌다.

러시아 인테르팍스 통신은 이 지역 저소득층 주민들은 값비싼 보드카 대신 값싼 알코올이 함유된 피부보습용 토너나 의료용 알코올 제품을 물에 희석시켜 먹다가 이런 큰 사고가 났다고 보도했다.•

문제는 에틸알코올이 아니라 메틸알코올이란 점이었다. 러시아인들 사이에서는 에틸알코올을 적당히 물에 희석시켜 마시기도 한다.

언해주의 타이가 속에 자리한 마을에 들어갔을 때였다. 조그만 마을이라도 식료품과 보드카를 팔고 있는 가게가 있었다. 거기서 하루 머물 때 세르게이라는 내 또래의 마을 주민과 친해졌다. 숙소로 쓰던 향토박물관의 계단에 앉아 세르게이와 가지고 간 보드카를 함께 마셨다. 2리터 병이 바닥이 났다. 세르게이가 보드카를 사오겠다고 해서 돈을 주었다. 시간이 지나도 세르게이는 나타나지 않았다. 가게까지 갔다 와도 몇 번은 다녀올 시간이 지났다. 삼십분이 지났을까, 세르게이가 비척대며 어둠 속에서 나타났다. 그의 손에는 보드카 병 대신 페트병이 들려 있었다. 가게에는 보드카가 다 팔리고 없어서 집에서 보드카를 가져 왔다며 페트병을 내밀었다. 수상했다. 곡물로 된 주정을 넣은 사마곤은 아닌 것 같았다. 세르게이는 에틸알코올로 만든 보드카라며 아무 걱정 말라고 자신하는 것이었다. 그 날 들고 온 그 가짜 사마곤은 입에 대지도 않았다. 물론 다음 날 그곳을 떠나올 때 세르게이는 머리가 아픈지 인상을 찌푸리며 악수를 청해왔다.

이르쿠츠크의 이 가짜 보드카 사건은 전 러시아 뿐 아니라 세계의 토픽 뉴스로 흘러나갔다.

• 2017년 1월 9일, 모스크바 – 연합뉴스, 유철종

빵꽃

어렸을 때 크리스마스트리를 꾸미며 솜을 뭉쳐 올려놓던 기억들이 있다. 러시아에서도 '욜카'라고 전나무에다 크리스마스트리를 꾸민다. 빨강, 초록, 파랑, 금빛, 은빛, 여러 색의 방울을 주렁주렁 매달고 거기다가 오색의 점멸등을 휘감은 크리스마스트리.

영하 35도를 오르내리는 맹추위에 쌓인 2월의 어느 날이었다. 시베리아의 도시 이르쿠츠크에는 러시아 정교의 성탄절 흔적이 곳곳에 남아 있었다. 어느 골목을 빠져나왔을 때, 도로와 주택을 경계 짓는 공간 저쯤에 서 있는 나뭇가지에 무채색의 희고 누런 덩어리들이 여기저기 매달려 있었다. 비록 화려하게 장식을 한 건 아니었지만 그것을 욜카라고 믿었다. 그때였다. 참새가 그 나무로 쪼르륵 날아들었다.

빵꽃이었다. 누군가 일부러 앙상한 나뭇가지에 빵을 조각내 꽂아 놓았던 것이다. 거기에 참새가 매달려 쪼고 있었다. 성스러운 광경이었다.

모스크바 있을 때였다. 11월 말쯤 되었던 것 같다. 집으로 돌아오

빵꽃

는 길이었는데 조그마한 숲에서 쉴 새 없이 들려오는 소리가 부산스레 사박거렸다. 나는 걸음을 멈추고 자세히 그곳을 들여다보았다. 러시아 사람들이 '랴비나'라고 부르는 마가목에 참새들이 주렁주렁 매달려 있었다. 몇십 마리는 되어 보이는 참새무리. 나무에서 떨어지지 않으려 계속 날갯짓을 하며 부리로 마가목의 빨간 열매를 쪼고 있었다. 쫓기듯 숨도 돌리지 않고 일에 몰두하는 그 광경은 경건했다. 나는 숙연해져 얼어붙은 듯 한참이나 제자리에 서 있었다.

내가 모스크바에서 창틀에다 음식물 찌끼를 놓기 시작한 것도 그 때문이었다. 밥통에 남은 밥알이나, 먹다가 만 빵 덩이, 그리고 곰팡이가 슬기 시작한 치즈 덩이 같은 것을 부수어 생철로 덧대어 놓은 창틀에 올려놓았다. 러시아의 긴 동절기는 사람, 동물 할 것 없이 겨울 나기가 버거운 계절이다. 내 생활도 녹녹치가 않았다. 그것을 버린다는 게 왠지 죄스럽다는 생각이 나를 죄어왔다.

처음에 창가에 날아드는 것은 참새나 비둘기들이었다. 그런데 며칠 지나지 않아 둔탁하게 생철을 쪼는 소리가 들려 밖을 보니 그 먹이들은 까마귀 차지였다. 까마귀가 날아오면 다른 새들은 얼씬도 못했다. 내가 창문 쪽으로 다가가면 까마귀는 맞은편 건물로 날아올랐다. 그러다가 육중한 두 겹의 창문이 끽끽 요란하게 비명을 지르면, 까마귀가 맞은편 건물의 첨탑에 앉아 있다가 날갯죽지를 곧추 세우며 내가 창문을 닫고 물러나기를 기다리는 것이었다. 영 밉상스러운 게 아니었다. 나는 까마귀가 다 먹지 못하도록 음식물 일부를 잘게 부수어 놓았다. 그러면 까마귀는 부리로 집을 수 있는 큰 덩어리를 쪼아 먹다가 물러났다. 다음이 비둘기 차례였다. 그래봐야 서너 마리가 아슬아슬하게 딛고 설 수 있는 공간이었지만 구구대며 열심히 바닥을 쪼아댔다. 그리고 마지막이 참새들이었다. 참새 떼가 훑고 지나가면 생철 바닥 위의 음식 찌꺼기는 간데없고 희뿌연 새똥들만 창가에 널려 있었다.

살을 에는 찬 공기에 뺨이 아려왔다. 그래도 나는 한참이나 이르쿠츠크의 빵꽃을 쪼아 먹는 참새를 멍하게 바라보고 있었다.

한 겨울 이르쿠츠크의 즈나멘스키 수도원

숫자 4

알타이공화국의 수도 고르노-알타이스크에서 시외버스를 탔을 때였다. 예매한 내 좌석 번호는 창가 자리였는데 그 자리에 몸집이 큰 러시아 노인이 앉아 있었다. 게다가 큰 가방까지 품에 안았다. 나는 거의 8시간 정도를 가야 했다. 노인에게 물어보니 자기는 금방 내린다고 했다. 종점까지 간다고 하자 내 자리를 내놓았다. 비집고 들어가 앉자마자 그의 큰 덩치뿐 아니라 가방까지 내 몸을 옥죄기 시작했다.

버스는 오전 10시에 출발했다. 나는 그가 말한 금방을 기다리고 있었다. 몇 차례나 몸을 뒤척였다. 그때마다 노인은 다 와간다며 웃음을 지었다. 결국 그가 내린 시간은 오후 2시 30분경이었다. 노인의 '금방'은 4시간을 넘어버린 것이다.

불쑥 숫자 '4'가 생각났다.

울란-우데에서 머물다가 이르쿠츠크로 갔을 때 일이었다. 거기서 만난 중년 러시아인, 페자. 그는 자신이 '시비랴크'(시베리아 사람)임에 자부심을 갖고 있었다. 다음은 이르쿠츠크에서 페자와 나눈 이야기.

"우리 보드카는 알코올 함유량이 보통 40도예요. 물론 그 이상 되는 것도 많지요. 당신네 나라에서 사람들이 많이 마시는 술은 몇 도 정도 되나요."

"요즘은 맥주와 소주를 많이 마시는데, 소주는 20도를 밑돌아요. 예전에는 소주가 28도, 그 다음 25도 정도 됐었지요. 물론 우리도……"

얼마만큼 보드카가 독주인지 자랑하려는 그의 심사가 엿보였다. 우리나라의 전통주들, 안동소주나 진도홍주 같은 것들을 꺼내려는 순간이었다.

"당신 나라에서 끝에서 끝까지 몇 킬로나 되나요?"

삼천리금수강산이란 말이 머릿속을 휘저었다. 10리가 4킬로미터니까 한반도의 남북 길이는 대략 1200킬로미터 정도 아닐까. 서울에서 부산까지 거리면 400킬로 정도,

답할 틈도 주지 않고 이어지는 뜬 금 없는 페쟈의 질문들.

"당신 나라도 겨울에 춥나요?"

"그럼요, 1월이면 여기처럼 추워요."

"영하 몇 도까지 떨어지나요?"

"보통 영하 10여도지만 20도 아래로도 내려가지요. 어떤 때는 거의 영하 30도에 다다를 때도 있어요."

은근 시베리아 촌놈의 자랑에 부아가 났다. 약이라도 올리듯 그는 4를 전면에 내세웠다.

"하-하! 우리 이르쿠츠크에서는 '4'가 붙지 않으면 쳐주지도 않는답니다. 집에서 400킬로 정도 나가야 조금 멀리 나간다 말하지요. 겨

울에 영하 40도까지 떨어지지 않으면 추위가 아니라 생각하지요. 그리고 잘 알려지다시피 보드카는 40도입니다. 그 정도 되어야 술이라 부른답니다."

울란-우데에서 이르쿠츠크까지 거리를 얼른 계산해보았다. 밤차를 타고 아침에 내린 터였다. 대략 서울에서 부산거리가 되지 않을까. 은근 풀이 죽었다. 페쟈와 나누던 보드카병이 비워졌다. 늦은 밤이었다. 저녁 10시 이후면 마트에서 술을 팔지 않는다. 보드카의 폐해는 종종 서방에서 웃음거리가 되곤 한다. 어쩜 그 보드카의 위력을 잠재우려 러시아정부는 밤늦게 술 판매를 금지시키는가 보았다. 자리를 뜬 페쟈는 잠시 뒤 정체모를 액체가 담긴 페트병을 들고 돌아왔다. 내 빈 잔에 채워진 그 액체의 냄새를 맡았다. 저절로 양 미간이 찌푸려졌다. 바로 그것 같았다. 가짜 보드카.

페쟈는 아무 일 없다는 듯 잔을 들었다. 조금 전 '4'자를 내세우듯 자신 있는 목소리로 에틸알코올 임을 강조했다. 알코올 함유량도 분명 40도라고 확신했다. '4'자에 대한 자존심이 그 목소리에 배어 있었다. 나는 슬그머니 그 자리를 도망치듯 빠져나왔다. 모자를 쓰지 않은 맨 머리가 띵해왔다. 문밖은 정말 영하 40도 정도는 내려간 것 같았다. 파카에 달린 모자를 급히 뒤집어쓰고 내 숙소로 향했다.

골로만카

시장에서 훈제해 파는 골로만카

바이칼 호수 깊은 곳에는 골로만카라는 물고기가 살고 있다.

두 종류가 있는데 몸집이 조금 큰 것을 '볼쇼야 골로만카'(큰 골로만카), 작은 것을 '말라야 골로만카'(작은 골로만카)라고 부른다. 바이칼 부근의 시장에서는 골로만카를 훈제해서 판다. 훈제한 골로만카는 딱 어른의 집게손가락만하다. 우리나라에서 안주로 나오는 작은 노가리 크기다. 헌데 훈제한 이 골로만카 한 마리가 몸집이 몇십 배나 큰, 바이칼의 명물인 오물 한 마리 가격과 맞먹는다. 한 마디로 그곳 어부들에게는 무척 귀한 대접을 받는 물고기인 것이다. 그런데 그 물고기를 볼 때 자꾸 웃음이 비어져 나온다.

골로만카라는 그 물고기 이름은 러시아 단어 '골르이'에서 따온 것만 같다. '골르이'는 벌거벗은, 노출의, 나체의, 뜻을 갖는다. 물론 순수한, 공허한, 가난한 뜻도 갖는다. 이런 뜻이 그 자그마한 물고기 앞

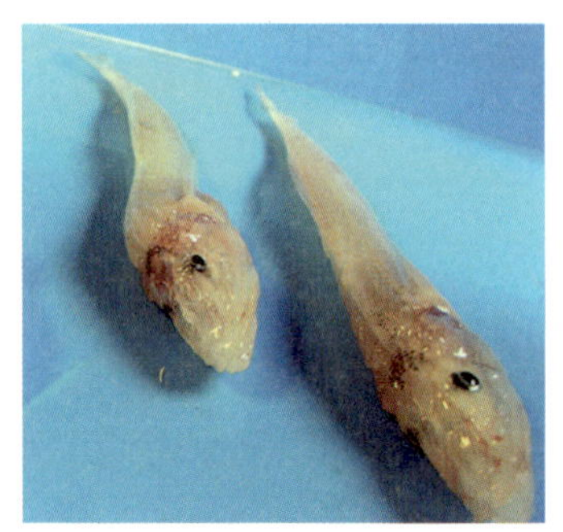

갓 잡은 골로먄카.
출처 www.idealtourist.ru

에서 여러 연상을 일으킨다.

정말 골로먄카의 몸뚱이는 하얗고 투명하다. 실오라기 하나 걸치지 않은 것처럼 속까지 다 보이는 것도 있다. 아무리 감추려 해도 속내를 숨길 수 없을 것만 같은 골로먄카, 속 보이는 물고기다.

그 물고기를 한참 들여다보다가 문득 그런 생각이 들었다.

살다가 때로는 오해를 사고, 그런 경우에 속을 다 까놓고 싶을 때가 많다. 그럴 때 저절로 속이 훤히 다 드러나 보인다면, 오해를 살 리도, 또 거리낌 같은 것도 불러오지 않을 텐데. 골로먄카처럼.

어느 방랑자의 노래 (거친 자바이칼의 스텝을 따라)

자바이칼이란 지명은 러시아의 중심에서 볼 때 바이칼 너머 동쪽의 지방을 의미한다. 예전에 러시아인에게는 아주 먼 척박한 원시의 땅이자 유형의 땅이었다. 지금은 치타 같은 도시가 여기에 속한다.

노래 가사의 주인공인 방랑자 상

이르쿠츠크에서 바이칼 호수 안의 제일 큰 섬 올혼으로 들어가려면 4시간 가량 차를 달리다가 배를 타야 한다. 그 선착장으로 넘어가기 전에 산마루 하나가 나타난다. 그 산마루에 그리 오래되지 않은 동상 하나가 서 있다.

다 헤진 옷과 맨발인 방랑자가 지팡이를 짚고 바이칼 호수를 바라보고 있는 동상. 러시아에서 유명한 노래 가사의 주인공이다. 노래 제목이 〈자바이칼의 거친 스텝을 따라〉이다. 올혼으로 오는 길에서도 버스 기사가 이 노래를 틀었다.

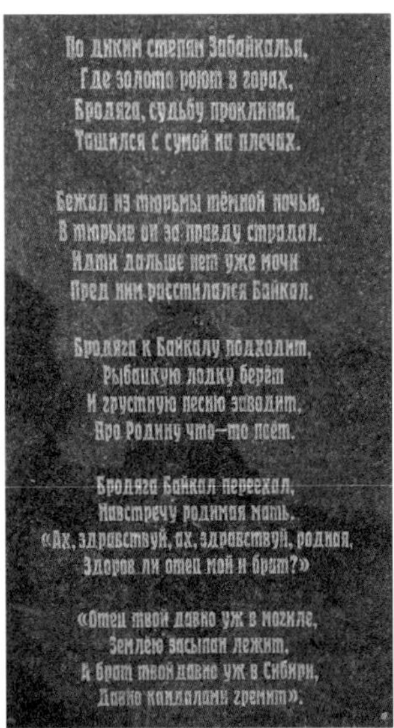

방랑자 상 옆의 노래비

바이칼호 너머 거친 스텝을 따라
산 속에서 금을 캐는 그곳에서
운명을 저주하는 어느 방랑자
어깨에 포대를 진 채 발을 질질 끌며 걷고 있네.

캄캄한 밤, 감옥에서 탈출했던 그 사람
정의를 위해 고통 받았던 감옥에서
이제 더 이상 앞으로 나갈 수 없네
그 앞에 놓인 것은 광활한 바이칼.

방랑자는 바이칼로 다가가
어부의 나룻배를 청하여 타네.
나룻배는 구슬픈 노래를 실어서 가네
고향을 그리는 구슬픈 노래를.

이 노래에 얽힌 사연이 전해져 온다.

19세기에 접어들며 러시아에서는 사회 발전을 막는 전제정치와 농노제 등에 반대한 사람들의 정치운동이 여러 차례 일어났다. 입헌군주제를 외치며 황제를 퇴위시키려 한 1825년의 '데카브리스트의 봉기'(12월 당원의 봉기)가 대표적이다.

그 같은 민주주의 사상에 심취한 지식인들이 점차 늘어났고, 이런 정치운동은 19세기 동안 줄곧 이어졌다. 이들은 대개 체포되어 시베리아의 강제 유형지로 보내졌다.

방랑자 상 아래의 바이칼

이들 정치범들은 바이칼 호수 건너, 자바이칼의 황량한 산에서 금을 캐는데 동원되었고, 이 노래는 그런 유형자 가운데 한 명에 얽힌 이야기라고 회자된다.

노래가사는 유형지를 탈출한 정치범이 천신만고 끝에 바이칼호에 다다라서 고깃배를 얻어 타고 건너는 장면으로 끝이 난다. 배 위에서 고향을 그리는 서글픈 곡조가 여운으로 남는다.

그런데 이야기는 여기서 끝나지 않는다. 이 노래가 유명해진 탓일까. 아니면 노래 가사의 실제 모델이 있어 사람들에게 그 사연이 퍼져 나갔을까.

감옥을 탈출한 방랑자는 바이칼 호수를 건너 그리운 어머니를 만난다. 그러나 이미 아버지는 돌아가셨고 아우는 오래 전에 시베리아 유형지로 끌려간 뒤였다. 방랑자의 어머니는 그의 손을 굳게 잡는다.

지금은 작고하셨지만 우리나라 분단문학의 상징인 이호철 작가가 이 노래를 즐겨 불렀다. 원산이 고향이었던 그 분이 월남하기 전 인민군에 징집되었을 때 소련군이 알려 준 노래라고 했다. 언젠가 독일에서 열리는 도서전에 초청을 받아 가신 적이 있었다. 거기서 이 노래를 부르신다 하기에 가사의 뜻을 정확히 알려 드렸다. 이호철 작가의 정치적으로 고되었던 삶과도 비슷한 방랑자의 사연을.

바이칼 호로 들어가는 초입, 오늘도 방랑자는 저 바이칼 호 너머를 바라보고 있다.

푸슈킨 거리

바이칼 호수 안의 제일 큰 섬 '올혼'(부리야트어로 '메마른 땅')에는 성스러운 장소가 몇 있다. 올혼의 한가운데에 우뚝 서 있는 '부르한' 바위가 대표적인 곳이다. 그 바위를 배경으로 찍은 사진들이 바이칼의 상징처럼 흔하게 나돈다. 봉우리 두 개가 물가 쪽으로 우뚝 솟은 거석. 경건함을 자아내기에 충분하다. 한민족의 시원을 내건 여행사들의 프로그램에 꼭 끼어 있는 장소다.

한참 전 내가 처음 그곳에 갔을 때 올혼의 부르한 바위 근처에는 사람들, 그러니까 관광객들이 많지 않았다. 백야 때라 밤 아홉시가 넘어도 어스름했다. 부르한 바위를 바라보는 언덕 위 절벽에 달라붙어 많은 사람들이 명상에 빠져 있는 모습을 보았었다. 그 바위로 향하는 길목에는 경고판이 붙어 있었는데 성스러운 장소를 강조하는 내용이었다.

부르한 바위

아시아에서 신성한 곳으로 꼽는 아홉 군데 장소 중 하나

부르한바위로 들어가는 후지르 마을의 푸슈킨거리.
이제 카페와 민박집들이 들어차 있다.

라고 소개하며 하마(下馬)할 것, 불경한 마음을 갖지 말 것 등등 지켜야 할 사항들이 적혀 있다. 그런데 내 눈을 사로잡은 문구는 어린아이의 출입을 금한다는 것이었다. 아마 '신이 내릴' 수도 있기 때문에 그런 경고 문구를 써놓은 것이리라. 이른바 '기가 센' 장소임을 일깨우는 문구들 같았다.

경고의 문구들 중 내게 해당되는 것들을 마음에 새기며 부르한 바위가 바로 보이는 쪽으로 다가서 눈을 감았다.

한참 그곳에 있다가 돌아 나올 때였다. 한층 어둑해진 흙길 양옆으로 서있는 목조주택에 하얗게 붙은 주소판이 눈에 들어왔다. 거리 이름은 다름 아닌 '푸슈킨 거리'였다. 뜨악했다.

아무리 러시아가 '푸슈킨'의 나라, 그래서 거리 이름 중 엄청 많은 빈도수를 갖고 있는 '푸슈킨 거리'였지만 나는 아연할 뿐이었다.

부르한 바위 초입에 세워진 안내판.
여기에 부르한 바위가 아시아의 9대 성소 중 하나라고 소개하며 붉은 글씨로 금기사항들을 적어놓았다.

몽골족의 갈래 부리야트 사람들이 성스럽다고 여긴 장소, 한국인과 유전자 검사 결과 많은 일치를 보인다는 그들이 숭배하던 장소. 또 그전에 바이칼 일대에 퍼져 살았던 퉁구스 계열의 에벤키족들에게 성스러운 장소였을 그곳을 들어가려면 19C 러시아의 대문호 '푸슈킨'의 허락을 받아야만 한다는 이상한 생각에 씁쓸했다.

부르한 바위

오래 전, 사회주의의 손길이 본격적으로 닿기 전, 샤먼들이 제의를 올리던 장소. 그것도 큰 샤먼들만 다가갈 수 있던 곳. 일반 속인들이 함부로 드나들지 못하던 장소란다.

이따금 승합차와 관광객들이 몰고 온 자동차들이 요란한 엔진 소리를 내며 그 길을 지나쳤다.

먼지가 풀풀 흩날리는 '푸슈킨 거리'를 빠져 나오며 어둠에 잠긴 뒤를 돌아보았다. 둔덕에 가려진 부르한 바위의 뾰족한 끝이 보일 듯 말듯 저 멀리 서 있었다.

몇 년 뒤 다시 부르한 바위에 갔을 때 주변은 관광객들로 넘쳐났다. 성스러움이란 단어도 사라졌다. 관광객들이 그 바위를 타고 올랐다. 경고 문구를 담은 표지판도 바뀌었다. 그 안에 있던 말에서 내리라는 문구와 어린 아이의 출입을 금하는 내용은 사라졌다. 하기야 말을 타고 다니는 사람이 이제 몇이나 될까. 그 곁을 4륜 오토바이들이 요란하게 지나다닌다. 물론 관광객들을 위한 상술의 일환일 터. 나는 헛헛한 발걸음으로 그 '푸슈킨 거리'를 빠져나오고 있었다.

체르느이셰프스키

시베리아 횡단 열차를 타고 가다 자바이칼(바이칼 동쪽을 의미하는 지명) 접어들면 긴 이름의 역명이 나온다. '체르느이셰프스크-자바이칼스키'. 미색으로 단장한 역사(驛舍) 입구에 은빛 동상 하나가 서 있다. 그건《무엇을 할 것인가》라는 소설을 쓴 1860년대 러시아 비평가이자 혁명가인 체르느이셰프스키이다.

은박 칠을 뒤집어 쓴 채 누군가 체르느이셰프스키의 역할을 수행하는 퍼포먼스를 하는 게 아닌가, 착각이 들기도 한다.

1980년대 대학 시절 그의 책 제목은 레닌의 동일한 제목의 연설문과 함께 유행처럼 오르내렸다. 유토피아를 뜻하는 그 소설 속 '수정궁' 같은 공동체와 혁명 같은 단어들이 그 책을 읽은 학우들의 입에 오르내리기도 했다. 1860년대 러시아의 인텔리겐치야들에게 이 책은 미래의 청사진 같은 것이었다. 남녀의 평등, 사회 계층 간의 평등, 그리고 인간 본성의 원래 선하다는 주장 등. 체르느이셰프스키의 이런 주장은 과학과 이성으로 이룰 수 있는 것이었다. 재미없어 겨우겨우 읽은 그 책 속의 긴 설교 같은 게 아직도 남아 있다. 그는 결국 시베리아로 유형에 처해진다.

'체르느이셰프스크-자바이칼스키' 역사

역설적으로 체르느이셰프스키의 《무엇을 할 것인가》는 우리에게 너무도 유명한 도스토예프스키의 작품들을 잉태하는 역할을 한다. 도스토예프스키는 체르느이셰프스키가 펼친 미래의 유토피아에 대해 코웃음을 쳤다. 그 반박으로 《지하로부터의 수기》를 쓴다. 도스토예프스키의 이 작품은 뒤에 나오는 《죄와 벌》, 《카라마조프가의 형제들》 같은 작품의 단초가 된다. 도스토예프스키는 이성과 과학만으로는 절대 유토피아를 실현할 수 없다며 라스콜리니코프(《죄와 벌》)와 이반 (《카라마조프가의 형제들》) 등을 증거로 내세운다. 부조리한 세상을 내버려두는 신에 대한 반발에서 출발한 이들은 합리적인 이성과 논리, 과학 등으로 무장하고 세상과 저항한다. 하지만 도스토예프스키의 이런 주인공들은 결국 파멸로 치닫고 만다.

체르느이셰프스키는 은은한 무지개빛을 머금은 은빛 수정궁이 아닌 시베리아의 궁벽한 소도시 역에서 조야해 보이는 은박을 뒤집어쓴

체르느이셰프스키 동상

채 그렇게 서 있다. 그 동상 앞에서 자다 깬 얼굴로 제법 엄숙하게 입을 꾹 다물고 사진 찍은 것이 기억난다.

훨씬 뒤의 일이었다. 러시아 사이트에서 확인한 바 '체르느이셰프스크-자바이칼스키'라는 지명의 유래 자체가 알쏭달쏭했다. 애당초 그 지명은 혁명가 체르느이셰프스키와 전혀 무관했다.

그의 시베리아 유형지도 거기가 아니었다. 소련시절 그곳 공장 기술자의 성(姓)이 체르느이셰프스키라고 했다. 아마도 노동영웅 같은 게 대두될 때 아니었을까. 그러다가 어느 순간 공장기술자는 같은 성을 쓰는 혁명가에게 자리를 내주고 말았다. 왜 그랬는지에 대해선 설명이 없었다.

매머드

시베리아의 한 도시에서 문학캠프가 열렸다. 러시아 지인의 초청으로 함께하게 되었다. 참여한 학생들은 시와 소설, 희곡 등을 쓰려는 예비 작가들이 대부분이었다. 또 몇은 이미 등단해 작품 활동을 하고 있었다. 그들은 러시아 전역에서 심사를 거쳐 캠프에 참가자로 뽑혔다. 크라스노야르스크, 노보시비리스크, 하카시아공화국, 투바공화국, 그리고 카프카스의 한 공화국에서도 참여했다.

그리고 거기서 저 북쪽 동토의 땅의 주인인 사하인(야쿠티야인)들을 만났다. 사하공화국의 수도 야쿠츠크에서 지도교수를 포함, 제일 많은 6명이 참석했다. 그 중 둘은 한국에 다녀간 경험이 있었다. 날더러 꼭 한번 오라고 한다.

"야쿠츠크에서 한국까지의 거리가 모스크바보다 가까워요."

그들과 많은 이야기를 나누었다. 야쿠츠크에서 온 학생 하나가 내게 그곳 기념품을 선물했다. 냉장고 등에 붙이는 자석으로 된 기념품이었다. 매머드는 사하공화국의 상징 중 하나가 아닌가. '야쿠티야'라는 글씨 위에서 매머드 세 마리가 살아서 어슬렁대고 있었다.

야쿠츠크에 있는 아기 매머드 디마의 상.
출처 m.fotostrana.ru

매머드에 대한 말들이 오갔다. 새끼 매머드 디마에 대해 내가 먼저 말을 꺼냈다. 1977년, 온전한 형태로 발견된 4만 년 전의 새끼 매머드 디마는 전 세계에 유명하다. 디마는 '러시아 자연사박물관전' 속에 포함되어 우리나라에서 전시된 바도 있다. 그 새끼 매머드 디마의 상이 야쿠츠크에 있다는 답변이 돌아왔다. 야쿠츠크 대학의 교수의 말이다.

"옛날에 어른들은 매머드를 추운 날씨를 피해 땅 속에 사는 동물이라고 생각했어요. 이 땅 속의 매머드가 땅 위의 신선한 공기를 마시면 바로 죽어버린다고 여겼지요."

퉁구스족도 그렇다는 것이었다. 언젠가 읽은 매머드에 대한 자료가 생각났다. 툰드라에 사는 유카기르족이 해석하는 매머드이다. 매머드가 너무 힘이 세고 컸기에 몸을 유지하기 위해 나무까지 전부 먹어치웠고, 그 결과 대지는 늪지와 진흙으로 변해버렸다. 그러자 늪지가 이들을 집어 삼켰다. 겨울이 되고 땅 속의 매머드는 전부 냉동상태가 되어버렸다. 매머드 때문에 시베리아 전역이 툰드라로 변해버렸다는 유카키르족의 해석이 현대적이기는 했다. 하지만 나는 입을 다물었다. 좀 더 신비스러운 매머드에 대한 이야기가 듣고 싶어서였다.

"툰드라에 사는 다른 민족들한테 전해 내려오는 이야기가 많아요.

사모예드 사람들은 매머드가 낮에는 숲이나 구릉에 살다가, 밤이 되면 몰래 마을로 들어와 묘지에 안장된 시체를 조금씩 뜯어먹으며 생활하는 줄 알았어요. 또 땅 속의 매머드를 파헤치는 것을 금기로 삼았지요. 얼어붙은 매머드를 보면 재앙이 찾아온다고요."

엇비슷한 얘기들이 뒤섞였다. 매머드의 가치를 안 지는 벌써 오래전의 일이다. 매머드 발굴에 대한 이야기도 흔하다. 살이 그대로 붙어있는 채로 공기 밖으로 나온 매머드는 맹수들의 먹잇감이 되기도 하는 모양이었다.

야쿠티야 교수는 과거에서 미래로 급작스레 비약을 했다.

"지금 매머드의 복제를 시도하고 있어요. 어쩌면 야쿠티야에서 살아있는 매머드를 정말 볼지도 몰라요."

"그럼 이번 문학 캠프에서 누가 매머드를 다룰지도 모르겠군요. 그런 미래에 대해."

실없는 내 소리에 야쿠츠크에서 온 일행은 와 웃었다.

문득 손에 든 기념품 속의 매머드들이 살아나와 시베리아의 너른 땅을 활보하는 것만 같았다. 그날 레나강을 따라 펼쳐진 툰드라를 따라 북으로, 북으로 올라가는 매머드 떼와 조우하는 상상을 하고 있었다.

Ⅳ. 아무르, 극동 그리고 사할린

사할린섬

안중근 의사

시베리아 동해 연안지역 연해주(沿海州)에는 안중근 의사에 대한 자취가 많다. 단지동맹을 했던 크라스키노(연추)에는 기념비가 서 있다. 어느 날 기념비가 아닌 안중근 의사를 블라디보스토크에서 만났다.

블라디보스토크를 방문하는 한국인이면 거의가 들르는 곳이 있다. 신한촌이 있던 자리에 세워진 기념비이다. 블라디보스토크로 이주하며 한인들이 처음 자리를 잡은 곳은 해변 쪽의 '개척리'였다. 한인촌이 번성하자 러시아 당국은 개척리 마을을 철거했고, 여기서 옮긴 한인들이 다시 모인 곳이 신한촌이다. 독립운동과 밀접했던 곳. 신한촌은 스탈린에 의한 강제이주 전까지 번성했다.

이제 신한촌의 흔적은 없고 아파트와 가게가 들어섰다. 다만 신한촌을 새기는 기념비가 서 있다. 세 개의 기둥으로 서 있는 신한촌비. 가운데가 가장 키가 크고 그 양옆으로 조금 키가 작은 두 개의 기둥이 배치되어 있다. 가운데 비는 한반도의 한인들

안중근 의사

크라스키노(연추) 단지동맹 기념비

을 의미한다고 했다. 양 옆에는 지금 중국 땅에 사는 조선족을, 다른 하나는 러시아와 중앙아시아 등지에 살고 있는 고려인과 다른 해외동포를 상징한다는 의미를 부여하고 있었다. 이 세 대리석 기둥을 빙 둘러 싼 8개의 돌은 독립운동을 했던 이들을 기념한다고 들었다.

신한촌비는 1999년 해외 한민족연구소가 3.1운동 80주년을 맞아 신한촌이 있던 자리에 세웠다.

신한촌비 옆에 사무실이 있다. 두어 번 들렀을 때 잠겨 있던 곳이었다. 지난 번 찾아갔을 때 사무실 문이 열려 있었다. 거기서 콧수염을 한 초로의 노인을 만났다. 낯이 익은 얼굴이었다. 그가 명함을 건넸다. '블라디보스토크 고려인 문화자치주 회장'과 '연해주 고려인 문화재단 단장' 직함을 갖고 있는 리 베체슬라프였다. 그가 신한촌비를 관리하고 있었다. 이전에 왔을 때 기억에 남은 풍경 속에 신한촌비 앞에 놓여있던 하얀 꽃들. 그때 누가 꽃을 가져다 놓았는지 궁금하긴 했다. 알고 보니 그가 꽃을 가져다 놓은 모양이었다.

당시 신문에 실린 신한촌 전경

그는 사무실에 걸린 사진이며 임명장 같은 것을 설명했다. 한국대통령과 찍은 사진도 있었다.

한참 이야기를 나누다가 책상 앞으로 다가가 한 장의 흑백사진을 꺼내 들었다. 안중근 의사의 사진이었다. 안중근 의사와 신한촌에 얽힌 이야기를 하려나 짐작했다. 그런데 그는 사진 속의 안중근 의사와 자기 얼굴이 아주 닮지 않았느냐고 슬쩍 웃음을 지었다. 우리가 잘 아는 여순 감옥에서 찍은 그 얼굴. 콧수염에 짧은 머리를 한 리 베체슬라프의 얼굴형도 사진 속 얼굴과 비슷해 보였다. 그러고 보니 그를 보는 순간 낯이 익다는 느낌을 받긴 했다. 나는 그렇다고 고개를 끄덕이며 그의 등을 어루만졌다.

블라디보스토크의 신한촌 기념비 앞에서.
왼쪽이 안중근 의사를 닮은 리 베체슬라프

그곳을 나서 계단 아래로 내려설 때였다. 안중근 의사의 얼굴 위로 자꾸 리 베체슬라프의 얼굴이 겹쳐졌다. 뒤를 돌아보니 저 위에서 그가 손을 흔들고 있었다. 마치 생전의 안중근 의사의 얼굴이 미소를 짓고 있는 것만 같았다.

블라디보스토크의 솔제니친

블라디보스토크 항구에서 솔제니친을 만났다.

"어, 왜 여기에 이 동상이 있지?"

대체 블라디보스토크와 그가 무슨 관련이 있단 말인가. 그가 수용소 생활을 한 곳도 아니다.

그 까닭을 알았다. 그가 오랜 망명 생활을 끝내고 처음 러시아 땅을 밟은 게 블라디보스토크란다. 20년간의 망명생활을 끝내고 러시아 땅에 첫 발을 힘차게 내딛는 그의 동상 옆에 섰다. 키가 훌쩍 높은 그의 동상. 그의 청동 손을 잡아본다. 숙연해졌다. 그에게 문학이란 무엇이었을까.

솔제니친은 이른바 러시아 문학 속에서 '수용소 문학'의 대표 작가이다. 솔제니친, 샬라모프 같은 작가들이 '수용소 문학'을 대표한다. 그는 노벨문학상을 수상한다. 물론 노벨문학상이란 게 다분히 정치적이라는 것은 잘 알려진 바다.

솔제니친이 2차 세계대전(독소전쟁)에 참전했다가 수용소에 갇히게 되는 일화는 그의 비극적 삶 앞에서도 헛웃음을 치게 만든다. 그가 전선에서 친구에게 보낸 편지 속에 스탈린과 레닌을 별명으로 지칭하며 별 것도 아닌 의견을 썼다는 까닭이다. 그 아무 것도 아닌 게 그를 강제노동수용소로 몰아넣었다. 8년간의 수용소 생활을 하다가 스탈린이 죽자 수용소에서 풀려나지만 다시 3년간의 유배생활을 한다.

강제와 폭압이 짓누르던 강제노동수용소 시절을 담은《이반 데니소비치의 하루》로 그는 일약 유명해진다. 작품 속 주인공 이반은 독소전쟁에서 독일군의 포로가 되었다가 탈출하여 소련군에 복귀하지만 그는 간첩죄로 강제노동수용소에 갇힌다. 원대복귀가 간첩죄라니. 이데올로기와는 거기가 먼 순진한 러시아 보통 농민의 전형인 이반. '이반'은 러시아에서 가장 평범하고 흔한 이름이다. 그렇게 누구나 별 것도 아닌 것으로 강제노동수용소에 갇히게 될 수 있다는 암시랄까.

《이반 데니소비치의 하루》는 주인공의 수용소 하루를 배경으로 한다. 물론 과거가 틈틈이 끼어들지만 대부분은 수용소의 하루가 바탕이다. 아주 추운 겨울날, 감기 기운으로 시작하는 하루. 감기가 심해지면 수용소에서는 곧 죽음을 뜻한다. 그리고 치열한 식사배급 현장. 맹추위 속 황량한 시베리아 벌판의 공사장. 다시 수용소로 귀환. 그 가운데도 어쨌든 운이 좋았다. 죽 배급도 한 그릇 더 받았고, 저녁에 밤에 관물검사를 하는데 재치를 발휘해 수용소 동료의 짐을 지켜준 대가로 얻게 되는 과자 등. 그리고 감기 기운도 가셨다. 게다가 최소한의 인간 존엄성을 지키며 보낸 하루였다.

《이반 데니소비치의 하루》의 마지막 부분이 떠오른다.

"하루가, 그러니까 전혀 눈앞이 캄캄한 그런 하루가 아니라, 거의 행복한 하루가 지나갔다."

그런 하루가 '거의 행복한 하루'였다면 다른 날들은 어땠을까. 수

블라디보스토크의 솔제니친 동상

용소에서 거의가 아니라 진짜 행복한 하루는 어떤 날일까. 이반의 형기는 10년이었다. 그는 형기가 끝날 때까지 3560일, 아니 3563일을 수용소에서 보냈다. 삼일이 늘어난 것은 윤년이 끼어 있었기 때문이었다.

알록달록한 옷차림의 관광객들이 솔제니친의 동상을 힐끔거리며 지나쳐간다. 그 '이반'의 하루는 꿈에도 모를 것 같은 이들의 웃음소리가 광장으로 퍼진다.

러시아 노래 '카추샤'

처음 대학에 입학하여 러시아어 알파벳을 외울 때, 알파벳보다도 먼저 떡 자리를 차지한 게 러시아 노래 '카추샤'였다. 그 노래는 과 대항 체육대회를 할 때 응원가로 쓰이기도 했다. 단합대회에서도 그 노래를 불렀다.

우리나라에도 흔히 알려진 러시아 여자이름 카추샤. 카추샤는 '예카테리나'의 애칭이다. '카추샤의 노래'도 있다. "마음대로 사랑하고 마음대로 돌아서는....." 우리말 가사를 보면 톨스토이의 《부활》의 줄거리를 떠올리게 만든다.

그런데 러시아 노래 '카추샤'는 2차대전 당시 전선으로 떠난 병사들의 사기를 높이려 만든 노래라고 알려져 있다. 소련 시절 당에서 밀어주고 전 국민이 부르면서 국민가요가 되었고, 이제 민요의 반열에 오른 노래이다.

노래는 서정적 풍경으로 시작된다.

"사과꽃과 배꽃이 흐드러지게 피었네. 강 위로 물안개가 피어오르고 카추샤는 강 기슭으로 나아갔지 ~~"

노래 가사는 전선으로 떠난 애인을 그리워하며 조국을 지켜달라

블라디보스토크에 서 있는 카추샤 동상

는 염원을 담고 있다.

그런데 그 진위여부는 잘 모르겠지만 노래 속 화자인 카추샤는 한반도와 맞닿은 러시아 국경 하산에서 소련군과 일본군 사이에서 벌어진 전투에 간호사로 참전한 블라디보스토크 출신이라는 말을 들었다. 그걸 뒷받침 하려는지 블라디보스토크에는 카추샤를 주인공으로 한 동상이 세워져 있다.

제비집

봄이 오면 강남 갔던 제비가 돌아온다. 시베리아에서 보는 제비는 우리나라에 날아드는 것보다 덩치가 크다. 예전에는 서울 변두리 주택들에도 제비집들이 붙어 있던 것은 흔한 풍경이었다.

언젠가 연해주의 강가에서 야영을 할 때였다. 바닥을 고르고 텐트를 쳤다. 계속해서 들리는 와글와글한 새소리. 그 소리는 숲 쪽이 아니라 강을 가로지르는 교량 어디쯤에서 났다. 뭔가 이상했다. 야영지를 벗어나 교량 쪽으로 오르는 둔덕으로 올라가 보니 희한한 광경이 펼쳐졌다.

교량을 이루는 일자의 철골 사이에 제비집들이 빼곡하게 들어차 있었다. 일일이 세어보지 않았지만 대략 백여 개는 넘을 듯했다. 일렬로 늘어선 제비집들. 거기는 최적의 택지였다. 마치 분양을 받은 듯 자리 잡은 제비집들. 아파트의 로얄층처럼 사람들이 접근하기 어려운 다리 중심부는 꽉 차 있고 다만 미분양 된 듯한 자리들이 다리 끝 쪽에 조금 남아있었다. 아파트 같은 그곳에서 제비들은 쉴 새 없이 떠들어대고 있는 것이다.

철제 교량 위로 차가 지나칠 때면 다리는 콰르릉 굉음을 낸다. 그

다리 밑의 제비집

게 흠이라면 흠이다. 그 소리에도 아랑곳없이 제비들은 집으로 들락거리며 무심히 제 일에 빠져 있다. 짧은 시베리아의 여름 동안 알을 낳고 부화시켜 양육해야만 한다. 그리고 얼른 강남으로 떠날 것이다. 그런 바쁜 일상에 몰두해 있는 제비들에게 차가 지나칠 때마다 나는 우레 같은 소리는 아무것도 아니다. 그 아래에서 야영을 하던 나는 자동차가 지나가는 소리가 들릴 때마다 얼굴을 찌푸렸다.

문득 한국 생각이 났다. 엄두도 못 낼 아파트 분양권, 아이들의 양육. 그런 문제들이 제비집 위로 뭉게뭉게 피어오른다.

다음 해에 다리 밑 제비들의 택지는 분양이 더 됐을까?

빨간 의자

연해주의 타이가 사이를 차로 달리던 도중 빨간 의자를 찾아 헤맨 때가 있었다. 우리가 가고 있는 길이 맞는지 걱정스러웠다. 벌목한 나무를 잔뜩 실은 트럭운전사에게 길을 물었다. 우리 목적지를 듣고는 딴 생각 하지 말고 '빨간 의자'만 찾으라 했다. 차에 기름도 넉넉지가 않던 터라 그 빨간 의자를 찾는 게 시급했다. 그 때부터 우리가 시베리아에 온 단 하나의 목적은 빨간 의자를 찾는 것으로 변해버렸다.

해가 긴 북극의 여름이라도 저녁 시간이 되자 숲은 금방 어두워지기 시작했다. 덜컥 겁이 났다. 길을 제대로 가고 있는 것인지 아니면 수염으로 턱을 뒤덮은 그 트럭 운전사가 이방인인 우리를 골려 주려 그랬는지 덜컥 의심이 일었다.

이제 초록빛 숲은 음산하고 거무스름한 빛 속으로 스며들고 있었다. 빨간 색은 고사하고 길을 덮은 거무튀튀한 나뭇잎들과 흙만 눈앞으로 이어졌다. 그렇게 두 시간 가량 달렸을 때 이제 빨간색을 분간할 수 없을 정도의 어둠이 깔려 버렸다. 기름도 확 줄었다. 중간쯤 버티던 유량계의 바늘은 지쳤다는 듯 자꾸 아래로 늘어지고 있었다. 빨간 의자 대신 그 빨간색 바늘만 유독 눈에 확대되어 왔다. 어쩔 도리 없이 차를 멈춰 세웠다. 빨간 의자가 있다는 갈래 길. 트럭 운전사가 말한 그곳은 아득하기만 했다.

우리는 차 속에서 한 때 이 대륙을 지배했던 붉은 색에 대해 성토를 했다. 지금도 러시아인들은 빨간색을 좋아하는 모양이다. 그러니 이 타이가 속 의자에다 빨간 색을 칠해 놓았겠지.

그때 우리와 동행한 고려인은 자랑스레 말을 꺼냈다.

"그래도 이 타이가에 차가 다닐 도로를 건설한 건 다 에스에스에스에르(소련) 시절이요."

"뭐 그게 시베리아 목재랑 자원들 실어 나르려 만든 거지, 여기 원주민들 위해 만들어 놓았겠어요?"

일행 중 하나가 통통 불은 입술로 퉁명스레 대꾸했다. 그럼에도

타이가 속 빨간 쓰레기통

우리가 계획대로 타이가를 헤쳐 가려면 정말 그 빨간색이 절실했다.

언제 튀어 나올지 모르는 곰, 호랑이가 무서워 차 안에서 밤을 지새웠다. 시큼털털한 냄새가 진동했다. 환기를 하려고 차창을 열면 쉴 새 없이 모기가 날아들었다. 그렇게 지새운 간밤이 꿈 같았다.

날이 밝았다. 자꾸 밑으로 까무러치는 유량계의 바늘과 타이가 어딘가에 웅크리고 있을 빨간 의자를 찾아 근심 가득한 눈길을 번갈아 움직였다.

조그만 갈래 길이 나왔다. 이정표도 없는 타이가의 비포장길. 차를 세웠다. 빨간 색 의자는 없었다. 대신 나무 널판을 엉성하게 댄 간이의자가 눈에 들어왔다. 그 뒤에 반을 자른 빨간색으로 칠한 드럼통이 쾡한 우리 눈에 들어왔다. 긴가민가했다.

한참을 기다리자 러시아인이 운전하는 목재를 실은 차량이 나타났다. 우리의 목적지로 가려면 그 갈래 길에서 오른쪽 방향으로 접어들어야 하는 게 맞다고 했다.

빨간 의자의 실체에 그만 웃음을 터뜨리고 말았다. 그 날 우리 앞에 나타난 빨간 색의 실체는 의자가 아니라 쓰레기통이었다. 그 숲의 사람들은 다 알고 있는 이정표가 '빨간 의자'였던 것이다.

타이가로 떠난 사람들

비킨 강가에 있는 크라스느이-야르에는 시베리아 원주민 중 '우데게'라고 불리는 종족이 살고 있다. 그리로 가려고 빼곡하게 나무로 채워진 숲을 헤치고 난 흙길을 자동차로 여섯 시간인가 달렸다. 비까지 쏟아져 흙길은 진창이 되었다. 중간에 우데게인의 도움으로 우리의 목적지 '크라스느이 야르'라는 마을에 무사히 도착했다. 우데게인들이 집단으로 모여 산다는 곳, 하지만 마을을 꿰뚫는 레닌 거리라는 넓은 흙길 양옆으로는 시베리아의 여느 촌락과 다를 바 없는 목조 집들이 문을 꼭꼭 닫은 채 뜨문뜨문 서 있을 뿐이었다.

우데게인들의 전통 가옥같은 것은 눈을 씻고 봐도 없었다. 야영지로 생각한 비킨 강은 물이 범람을 해 뿌리 뽑힌 나무들을 몰고 하류로 세차게 흘렀다. 그때였다. 우리와 비슷한 얼굴의 중년 남자가 손으로 불렀다. 거기 있다가는 물에 휩쓸려 내려간다며 손사래를 쳤다. 그는 마을 구석에 있는 우데게족 향토박물관 마당으로 우리를 안내했다. 박물관은 현대식으로 지은 목조 이층 주택이었다.

빗속에서 허둥대며 텐트를 치려 할 때, 박물관장이 춥다며 박물관 안에 수리 중인 강당 바닥에서 자라는 것이었다. 박물관장은 우데게 여자였다. 그녀의 남편은 박물관 수리, 잡일을 거드는 듯 보였다. 마룻바닥에 짐을 풀었다. 신기루 같던 그 길을 오랫동안 달려오며 졸였던 가슴을 털어냈다.

숨을 돌릴 때 내 눈길이 머무른 곳이 있었다. 문을 닫으려 하는 박물관 전시실에 붙은 그림 속에서 우데게 전통 복장을 한 중년 사내가 숲에서 무릎을 꿇은 채 잔을 올리고 있었다. 잔 앞에는 빨간 씨앗을 주렁주렁 매달고 있는 산삼이 놓여 있었다. '심봤다'의 성스러운 현장이 화폭에 들어 있었던 것이다.

대충 저녁을 때운 나는 박물관장의 남편에게 우데게족에 대해 이것저것 물었다. 50대처럼 보이는 그의 이름은 세르게이였다. 부칭도 다 러시아식이었다. 다만 성(姓)만 '수앙카'라는 우데게식이었다. 그는 우데게 족에 대해 아는 게 별로 없었다. 박물관 구석방에 놓인 컴퓨터 앞에서 그는 중국어판 게임에 빠져 있었다. 크렁크렁대며 흘러내리는 비킨 강의 물살, 괴괴하게 마을을 둘러 싼 타이가. 먼 길을 휘돌아왔다. 헛헛했다. 책에서 보았던 그들의 전통같은 그런 내용들은 어디에도 없었다.

산삼을 캔 뒤 감사의 제를 올리는 우데게족 심마니. 크라스느이 야르 향토박물관.

나는 보드카병을 꺼내며 그를 불러냈다. 그로부터 들은 얘기는 2차세계대전 때 그 마을 원주민 남자들이 전쟁에 끌려 나갔다가 단 한 명만 살아 돌아 왔다는 내용이었다. 보드카 몇 잔 들이킨 세르게이는 이것저것 떠들어댔다. 내가 듣고자 한 그런 류가 아닌 요즘 러시아 정세에 대한 것들이 이어졌다.

나는 어둠에 잠긴 시커먼 숲을 멍하게 바라보며 그런 말들을 귀 너머로 흘렸다. 세르게이도 머쓱해졌는지 담배를 피워 물며 숲으로 시선을 던졌다.

"예전에는 다들 나이가 먹으면 저리로 들어갔지요."

뜬금없는 말이었다.

"그게 무슨 말이예요?"

옛날에는 노인들이 짐이 된다 싶을 때 스스로 숲으로 타이가로 들어가 돌아오지 않았다는 것이었다. 내 귀가 쫑긋했다. 우데게인인 세르게이의 말을 빌면 노인들은 자기가 죽으리라 예감하면 숲으로 떠났다고 했다. 그러면 남은 자식들은 찾을 생각도 안 했고, 또 실제 찾을 수도 없었다는 것이었다. 아주 오래 전에는 그랬다고 했다. 미심쩍은 구석이 있기는 했다. 자료로 본 풍장 비슷한 우데게인들의 장례풍습은 뭐란 말인가.

"죽음의 방식이지요."

처음 듣는 소리였다. 순간 우리나라에 '설'처럼 떠도는 '고려장'이 스쳤다. '나를 산에다 내다버려라'라고 자식에게 권하는 늙은 노모의

비킨강과 그 곁에 세워진 크라스느이 야르 표지판

주름진 얼굴을 시대극에서 본 듯도 했다.

"그게 언제 때 풍습이예요?"

"오래 전에 사라졌지요. 전해오는 얘기로 듣기만 했지, 주변에서 못 봤어요."

전설처럼 타이가로 사라진 우데게 노인들. 비킨 강물이 세차게 흐르며 내는 괴상한 소리가 우리를 감쌌다.

"크릉-크릉.....! 커어-커어.....! 크응-크응.....!"

마치 숲의 일부가 되어버린 우데게 노인들이 크게 헛기침을 하는 소리처럼 강물 소리는 다양한 소리들로 변주되었다. 2리터짜리 보드카병은 어느 새 비워지고 있었다. 강물소리만 들려왔다.

어둠을 뚫고 숲에서 치렁치렁 머리를 헤친 노인들이 내 쪽으로 쏴아-쏴아 다가오는 환영을 보았다. 세르게이는 보드카 병을 거꾸로 세워 자기 잔에 마지막 남은 방울까지 따랐다. 그러면서 그때 일을 아는 노파가 아직 생존해 있다는 것이었다. 아침에 그 노파를 만나게 해준다고 장담을 했다.

오전 11시가 넘었는데도 세르게이는 나타나지 않았다. 박물관의 전시실을 다 둘러보고 사진까지 찍어도 그는 감감했다. 빗줄기는 점점 더 거세졌다. 일행은 다음 행선지로 가자며 짐을 꾸려 차에 실었다. 비 때문에 길이 끊어질지 모른다며 재촉하고 있었다. 문득 내가 왜 그들의 죽음의 방식에 대해 열을 올리는지 막상 몰랐다.

그때 세르게이가 마당으로 들어섰다. 나는 잽싸게 그에게 다가갔다. 맥이 풀렸다. 만나게 해 준다는 노파는 몸이 좋지 않아 어려울 것 같다며 고개를 저었다.

크라스느이 야르를 빠져 나올 때, 숲 전체가 비바람에 빠르게 몸을 뒤채고 있었다. 그 숲을 보며 스스로 그리로 들어간 사람들을 생각했다. 이 마을에서 한평생을 보냈던 노인들, 정말 그들은 스스로 그곳으로 향했을까?

어떤 오해

블라디보스토크 시내에서 제일 높은 곳은 독수리 전망대가 있는 곳이다. 시내 전체는 물론 저 멀리까지 볼 수 있는 곳. 그곳에 키릴과 메소디우스(메포지) 형제가 십자가를 받들고 있는 동상이 세찬 바닷바람을 맞으며 아래를 굽어보고 있다. 기독교를 바탕으로 한 러시아 문화와 다른 슬라브족 문화 형성에 이들 형제가 지대한 영향을 준 것은 널리 알려진 사실이다. 그럼에도 동방 끝자락 블라디보스토크에 서 있는 이들의 동상을 보며 좀 의아하긴 했다. 하기야 블라디보스토크 시내만 해도 러시아정교회 성당이 여럿이다. 거기뿐이겠는가. 사할린, 캄차카에도 수두룩하다. 그런데도 그 수도사 형제의 동상을 보고 고개를 갸웃댄 게 오히려 더 의아스러운 행동이었다.

블라디보스토크 독수리전망대의
키릴과 메소디우스 동상

하바롭스크의 한 호텔에 며칠 머물 때였다. 내 방에서 아무르강이 한 눈에 내려다 보였다. 강변 옆으로는 대관람차까지 돌고 있는 큰 공원이 펼쳐 있었다. 여름이라 공원은 북적였다. 아이들 뿐 아니라 젊은 데이트족, 산책 나온 중년, 말 그대로 남녀노소를 위한 곳이었다. 근데 문제는 밤이었다.

"뎅-뎅-뎅!"

어디선가 들려오는 종소리. 처음에는 공원 근처 정교회 성당에서 들려오는 소리로 알았다. 늦은 밤 들려오는 은은한 교회의 종소리. 영혼을 일깨우는 듯한 소리. 귓속을 맴돌며 공명을 일으키던 그 명징한 소리는 사라질 만하면 다시 이어졌다.

"뎅-뎅!", "뎅-뎅-뎅!", "뎅!" "뎅-뎅-뎅-뎅!"

뭔가 수상했다. 이 늦은 밤에, 자정이 가까워오는 이 시간에 교회 종소리라니. 그것도 규칙 없이 들려오는 소리들. 타종을 하는 간격도 들쭉날쭉했다. 이제는 끝났다 싶으면 다시 울리는 소리. 어떤 때는 한 번, 다른 때는 네 번. 어떨 때는 소리가 공명할 틈도 주지 않고 냅다 다섯 번 정도 타종을 했다. 종소리의 발원지는 울창한 나무들에 가려 그 방향만 가늠할 수 있었다.

블라디보스토크의 한 성당 내부

어둠에 잠긴 공원 구석이었다. 종소리는 이제 은은한 게 아니었다. 이미 깨어난 내 영혼은 자꾸 일어나라고 들이대는 그 종소리에 지쳐갔다. 이제 끝났다 싶으면 다시 귀를 파고들었다. 그 날 토요일 밤이라 종소리는 거의 새벽 한 시가 넘어서야 멈춘 듯했다.

다음 날 아침 산책을 나갈 겸 그 종소리의 진원지를 찾아 나섰다. 공원 한 구석이 문제의 장소였다. 그리로 발걸음을 옮겼다. 돌로 세운 아치형의 조그만 문이 눈에 들어왔다. 그 문 천장에 두 개의 종이 매달려 있었다. 그 문을 지나며 사람들이 종을 울린 듯했다. 그 종을 노려보며 가까이 다가갔다. 뒤쪽에 다시 아치가 나타나고 그 속에 러시아 전통 복장을 한 두 사람의 동상이 눈에 들어왔다.

하바롭스크 공원의 표트르와 페브로니나 동상으로 들어가는 입구의 종

왜 그랬을까. 순간 그들을 키릴과 메소디우스 형제라고 단정해버렸다. 블라디보스토크에서 생소하게 서 있던 그 동상이 머릿속에 남아 있었기 때문이었다. 멀찍이 서서 잠자리를 어지럽힌 그 동상을 퀭한 눈으로 쏘아보다 돌아섰다. 아직 이른 오전이었다. 다시 종소리가 울렸다. 다음 행선지를 향해 떠날 때까지 나는 그 종소리를 계속 들었다. 그럴 때마다 시베리아와 별 연관도 없을 키릴형제에 대한 원망은 깊어갔다.

그 날 오후 뜨악한 얼굴로 그 동상을 다시 찾아갔다. 종소리가 이따금 공원에 울려 퍼졌다. 그 앞에 다다른 나는 아치에 매달린 종을 신경질을 실어 힘껏 울렸다. 그리고 키릴과 메소디우스 앞에 섰다. 동상 기단에 금박으로 입힌 글씨가 눈에 들어왔다. 찰나 얼굴이 벌겋게 달

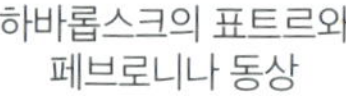

하바롭스크의 표트르와 페브로니나 동상

이르쿠츠크의 표트르와 페브로니나 동상

아올랐다. 햇살에 반사되어오는 황금빛 키릴문자는 분명 키릴과 메소디우스의 이름이 아니었다. 올려 보니 형제가 아닌 남녀 한 쌍의 동상이었다. 동판에 새겨진 이름은 다름 아닌 '표트르'와 '페브로니나'였다. 그러고 보니 이르쿠츠크 시내에 서 있던 이들의 동상이 떠올랐다. 이르쿠츠크에서 신혼부부들이 그 동상 곁에서 기념 촬영을 하던 모습도 기억났다.

러시아 정교회에서 가족과 사랑의 상징으로 추앙하고 있는 그들. 몇 년 전 러시아에서는 7월 8일을 '가족, 사랑, 그리고 믿음의 날'로 지정했다. 이 날의 상징이 성자전에 기록된 한 쌍의 남녀인 바로 그 표트르와 페브로니나였다. 밤늦도록 가정을 위해, 사랑을 위해 그 많은 이들이 그들 앞에서 종을 울렸나 보았다.

종 앞에 가까이 다가섰다. 경건한 마음으로 종을 울렸다. 되돌아서는 발길에 자꾸 블라디보스토크의 독수리 전망대에서 본 키릴과 메소디우스 형제가 밟혀왔다.

'가족, 사랑, 믿음의 날' 행사장의 장식

그 날 밤도 늦도록 종소리를 듣고 있었다.

시베리아의 곰 1

몇 년 전 사할린의 한 지역의 곰에 대한 기사가 신문에 실렸다.

기사의 내용은 이렇다. 산에서 내려온 곰 한 마리가 외딴 농가에서 행패를 부리며 이틀인가를 떠나지 않았다. 마당에 있는 쓰레기통과 조그만 헛간을 부수며 집주인 행세를 했다는 것이다. 결국 당국의 허가를 얻은 포수가 이 곰을 사살했다.

캄차카에서 곰이 말썽을 부렸다. 공항에서 시내로 들어오는 찻길을 어미곰이 새끼와 함께 버젓이 활보하고 다녀 교통체증을 일으켰다. 게다가 새끼를 지키려는 모성본능으로 인간에게 달려들지 몰라 사람들도 그 곰 모녀를 피했다. 겁을 줘도 숲으로 들어가지 않고 버티다가 끝내 사살되었다.

곰 축제 때 곰을 도살하는 장면.
사할린 포로나이스크의 향토박물관

시베리아 곰의 현재이다.

그런 소식들을 접할 때 시베리아 원주민들의 곰 축제가 스쳐간다. 물론 지금은 사라진, 시베리아 곳곳에서 벌어진 그 신성하고 풍성했던 축제의 현장들은 민속학자들의 글과 사진으로 남아 있다.

곰 축제 때 사용하는 특수한 국자. 손잡이 부분에 곰 장식이 있다.
유즈노-사할린스크 향토박물관

100여년 전만 해도 시베리아 곳곳에서 곰 축제가 벌어졌다. 아무르 강변의 나나이족, 사할린의 니히브족, 아이누족 등이 사는 곳에서 이 축제를 행해왔다. 러시아 민족지학자들의 기록에 따르면 다른 시베리아 소수민족들도 이런 의식을 했다고 한다.•

성스러운 곰 축제에는 새끼를 잡아 와 기르던 곰을 축일에 맞춰 도살한다. 새끼 곰은 어미 개의 젖으로 기르다가 곰 축일에 함께 죽인다. 저승길을 함께 할 동행자가 바로 개다. 축제는 겨울에 거행되는데 며칠 동안 이어진다. 축제는 모든 친족들을 찾아다니며 초대하는 것으로 시작된다.

축제가 시작되면 첫 번째로 잘 깎은 나무판을 준비한다. 두 번째는 곰을 죽이는 의식을 행한다. 세 번째는 죽인 곰의 머리를 나무판 위에 올려놓는다. 네 번째가 곰 고기를 통한 양육의 의식이다. 이때 죽은

• 한스-요하힘 파프로트, 강정원,옮김, 《퉁구스족의 곰 의례》 태학사, 2007.; З. П. Соколова. *Культ животных в религиях*. Наука. 1972.; 위의 내용들은 이 책들을 참고했다. 특히 Соколова는 곰 의례와 관련 곰 토템과 연관을 짓는다.: "아무르 지방과 사할린에 거주하는 민족들 사이에서 곰을 대상으로 한 제의의 총체적인 특징은 토템 성격의 고대의 전통이 지속되고 있다는 점이다. 곰을 그들의 친족이나 아들로 대한다는 점, 또 새끼 곰을 양육하는 관습, 곰 고기 요리를 하기 위해서 특별히 신성시여기는 국자와 용기를 사용하는 풍습, 또 종족 사이에서 성물(聖物)로 여기는 부싯돌을 사용하여 화덕에 불을 붙이는 의식 등이 눈에 띄는데 이는 곰 토템 전통의 반영"이라고 적고 있다.

곰 축제 현장을 재현한 미니어처. 유즈노-사할린스크 향토박물관

사람들을 기억해낸다. 다섯째는 죽은 곰과 동행할 개를 죽이는 일이다. 여섯째의 과정 속에서 초대받은 손님들이 여기 저기 친지를 찾아 돌아다닌 뒤 뼈가 붙어있는 곰 고기를 가져간다.

축일을 준비하는 곰의 주인은 새로 화살을 마련해야 한다. 곰을 죽이기 위해 12개 정도의 화살과 멀리 쏘아 보내는 36개의 화살을 함께 준비한다. 또 곰을 도살하기로 결정된 장소로 가는 길에는 장식을 꾸며 그리로 안내하는 표식을 한다. 그리고 축일이 거행되기 전날 밤에 곰 주인은 반드시 잘 다듬은 나무판들을 동이 틀 때까지 길을 따라 늘어놓아야 한다.

사할린의 니히브족 곰 축제 현장.(1932년). 포로나이스크 향토박물관

진짜 볼만한 구경거리는 달빛 아래에서 눈과 얼음으로 뒤덮인 강가로 일행이 곰을 데리고 다니는 장면이다. 이때 노래를 부르며 막대기로 통나무를 두드린다. 이런 행렬은 곰의 주인집을 세 번 도는 것으로 끝이 난다. 이 절차가 끝나면 사람들은 곰을 특별한 장

소로 데리고 간다. 그리고 의식 절차에 따라 두 개의 말뚝 사이에 곰을 묶는다.

곰이 묶여 있는 쪽으로 사람들이 움직이기 시작한다. 이때 사람들은 의식에 필요한 수많은 절차를 따라한다. 곰이 있는 쪽으로 화살을 날리며 이들은 절차를 밟는다. 곰을 도살하고 나서 곰의 머리를 자르고 내장을 빼낸다. 일자로 배를 가르는 게 아니다. 내장을 정리하는 일은 축일에 참석했던 사람들 중 연장자들이 맡는다. 곰의 배가 위를 향하도록 몸통을 돌려놓고, 세로로 군데 군데 칼집을 낸다. 마치 단추를 하나 하나 풀어 헤치는 듯하다. 그리고는 곰의 발들을 곧게 펴고 그 위에 곰의 머리를 놓는다. 그 다음 벗겨낸 가죽으로 곰의 머리를 덮는다.

가죽을 벗긴 몸통을 잘라 의식에만 쓰이는 특별한 쟁반 위에 놓는다. 그리고는 이들에게 전해 내려오는 성스러운 부싯돌로 장작에 불을 지핀 뒤 그 위에다 고기를 끓인다. 단순한 먹거리로의 곰고기가 아니다. 신성함을 부여받은 곰고기는 남녀노소에 따라 먹는 부위가 다르다.

축일에는 곰 고기를 끓이는 데 사용할 특수한 국자와 주걱을 준비한다. 주걱과 국자는 예술작품이다. 이 물건들에는 대개 곰의 모습이 조각되어 있다.

단순한 축제가 아닌 성스러움이 곳곳에 배어있던 곰 축제. 이제는 시베리아에서 사라지고 없다.

시베리아의 곰 2

하바롭스크 남부에 사는 오로치 사람에게 가장 널리 알려진 곰과 인간에 대한 전설을 채록했는데 그 내용은 다음과 같다.•

옛날에 남매가 살고 있었다. 누나와 남동생이었다. 남동생이 며칠간 사냥을 나갔고, 누이는 집에 남아 있었다. 그러던 중 그녀가 사라졌다. 남동생은 그녀를 두 해가 지나서야 타이가에서 발견했다. 그녀에게는 두 명의 아이가 딸려 있었다. 쌍둥이였다. 그녀를 사랑하던 남자와의 사이에서 태어난 아이들이었다. 그 남자는 이로 인해 벌을 받게 되어 그만 곰으로 모습이 바뀌었다.

누이는 남동생을 집에 숨기려 애를 썼다. 그녀의 남편인 곰은 집으로 돌아온 뒤 냄새를 맡고는 낯선 사람이 집에 있다는 것을 알았다. 곰은 남동생을 찾아내고서는 화를 내기는커녕 반대로 아주 좋은 음식으로 남동생을 환대했다. 그리고 밤이 지나도록 내버려두었다.

곰은 매일 아침마다 자신과 적대적인 흰곰과 싸우려 숲으로 떠나곤 했다. 그러던 어느 날 남동생은 싸움터에서 누이의 남편을 도우려

• 곽진석, 《시베리아 만주-퉁구스족의 신화》, 제이앤씨, 2009.

활을 쏘았다. 그러나 안타깝게도 화살은 흰곰이 아닌 누이의 남편에게 맞았다. 이 일이 있고 나서 누이와 아이들은 곰으로 변해버렸다. 그래서 오로치족 사람들은 곰이 사람이었다고 생각한다.

연해주와 아무르강 유역에 사는 우데게족도 마찬가지로 곰이 자신들의 조상이라 여긴다. 어느 사냥꾼에게 남매가 있었다, 어느 날 사냥꾼은 남매를 숲에 남겨 두고 강으로 갔다. 곰은 남겨진 아이들 중 소녀를 데리고 가서 아내로 삼았다. 또 암곰은 소년을 데려가 남편으로 삼았다. 암곰과 소년 사이에는 자식이 없었다. 소년이 어느 날 사냥을 나갔다가 곰을 발견하고는 활을 쏘았다. 죽어가던 곰은 소년에게 자신이 누이동생의 남편이라 밝히고는 다음과 같이 전했다. 소년이 죽인 곰 고기를 누이동생은 절대 먹을 수 없고, 여자는 항상 곰 가죽을 덮고 잘 수 없으며 곰의 성기를 모계를 통해 후세에 이어지도록 하라는 것이었다. 그렇기에 우데게족은 곰과 소녀의 혼인에서 그 시원이 비롯되었다고 여기며 이 같은 곰의 유언을 지킨다고 전한다.

이 같은 전설의 변용은 우리나라에도 존재하는데 그중 유명한 것이 곰나루(웅진-현재 공주) 전설이다. 곰과 강제로 결혼한 젊은 사냥꾼이 어느 날 곰과 아이를 놔두고 달아났고, 곰은 젊은 사냥꾼에게 돌아오라고 절규하다 아기와 함께 금강에 몸을 던져 죽었다는 이야기다. 곰이 죽자, 농사를 지어도 흉년이 계속되고 강을 건너던 배가 전복되는 일이 잦아 결국 사당을 세우고 곰의 영혼을 달랬다는 전설은 시베리아 여러 원주민들 사이에 전승되는 이야기와 닮아서 친근하다.

위의 전설들에서 시베리아의 곰이 남성의 역할을 한다면, 우리의 곰이 여성으로 나타난다는 게 흥미롭다.

시베리아에서 곰에 대한 얘기들을 들을 때면, 우리의 곰 토템과 '단군신화'가 떠오른다. 신화 속에 꽁꽁 묶여 버린 '웅녀'가.

일곱자매 이야기

어느 여자 샤먼에게 딸이 일곱 있었다. 그녀는 얼른 딸들이 시집을 가서 가정을 이루길 바랐다. 여기저기서 혼처가 들어왔다. 하지만 딸들은 시집가기가 싫었다. 어느 날 일곱 자매는 밤늦게 도망을 쳤다.

딸들이 사라진 것을 알게 된 어머니는 숲과 강가를 미친 듯이 찾아 헤맸다. 샤먼인 그녀를 지배하는 무격도 감당하지 못할 힘 때문일까, 몇 날을 찾아다녀도 딸들은 보이지 않았다. 어느 날 꿈에 딸들이 나타났다. 이미 바위로 굳어져 버려 집으로 영영 돌아가지 못한다며 서럽게 우는 딸들. 꿈에서 깬 어머니는 드넓은 아무르 강가에 널린 바위들을 훑다가 저 멀리까지 가버린다. 그리고 결국 자신도 바위가 되어 버린다.

하바롭스크의 대표적인 볼거리로 내세우는 시카치-알랸의 암각화 군. 그 중 한 바위에 새겨진 일곱 개의 얼굴에 얽힌 전설이다. 비가 많이 와 강의 수위가 올라가지 않는다

시카치 알랸의 일곱 자매의 얼굴이 새겨진 암각화

시카치 알랸의 암각화군을 알리는 표석

아무르 강가의 시카치 알랸 암각화군

면 그 바위를 볼 수 있다.

나나이족 향토박물관 학예연구사는 샤먼이었던 어머니는 물속에 잠겨 있다며 강 저쪽 방향을 가리켰다. 그리고 웃으며 덧붙였다. 일곱 자매의 이모도 있었는데 또 다른 쪽 물 속에 있다고 했다. 우리 탈춤 속 가면의 모습을 한 얼굴이 새겨진 암각화가 발견될 때마다 전설은 계속 확장되면서 새로운 판본을 내놓을 것 같았다. 또 다른 암각화가 발견되어 그 전설에 끼어든다면 할머니의 사연까지 확장될까.

어쨌든 어머니 샤먼과 그녀의 일곱 명의 딸들이 전부 바위가 되어 버린 까닭은 악한 정령들, 악한 힘들에 의해 그렇게 되었다는 전설. 우리는 그 악한 정령들 덕택에 일곱 자매의 얼굴을 아무르강에서 볼 수 있다.

화산폭발

7월로 접어들었을 때였다.

하바롭스크에서 출발한 비행기가 캄차카 주州의 주도 페트로파블롭프스크-캄차츠키에 가까워 올 때 불쑥 불쑥 솟은 화산들이 저 밑에 보였다. 캄차카로 가기 전 알아 두었던 유명한 화산들, 빌류친스크, 고렐리, 무트놉스키, 코략스키 등등의 봉우리들이 두텁게 도드라진 하얀 힘줄들을 드러내며 눈 아래 보였다. 점차 비행기가 고도를 낮출 때 하얀 힘줄의 실체가 눈임을 알았다. 펄펄 끓고 있는 용암을 억누르고 있는 것인지 아니면 위장하고 있는 것인지 모르지만 7월 여름임에도 하얀 눈은 골짜기를 따라 길게 뻗쳐 있었다.

엘리제보 공항에 내릴 때 일행 중 몇은 혹 화산이 폭발할지 걱정을 하기도 했다. 일행을 이룬 구성원들은 관광뿐 아니라 시베리아 몇몇 지역의 투자에 관심이 있는 사람들이 대부분이었다. 여러 명의 러시아 관리들이 우리 일행에게 관심을 보였다. 캄차카 주정부 청사에서 대외협력처 당국자는 캄차카 반도에서의 여러 사업 분야에 대한 브리핑을 했다. 청사를 나와 향한 곳이 지질연구소였다. 그런데 거기서 그만 화산이 문제를 일으켰다.

빌류친스크 화산

그 날 일행의 통역을 맡은 사람은 하얀 피부에 말쑥하게 정장을 차려 입은 70세 가까운 고려인 노인이었다. 현지 가이드의 말을 빌면, 그는 오래 전에 북한에서 온 천재 물리학자였다. 현재가 아닌 과거형의 천재 물리학자. 이동하는 중간에 나는 곁에 앉아 그에게 이것저것 물었다. 청진이 고향인 그는 북한 사투리 특유의 억양이 스며든 부자연스러운 한국어를 구사하며 한국 사람은 아주 오랜 만에 만났다고 했다.

나는 그의 신상에 대해 궁금한 것을 물었다, 몇십 년 전에 북한에서 캄차카로 왔다가 돌아가지 않고 눌러 앉아 한 동안 물리학을 연구했다는 것, 러시아 여자와 결혼했다가 이혼해 혼자 살고 있다는 것, 자식이 다른 곳에 살고 있어 거의 만나지 못한다는 것 등을 들었다. 그런 자신의 과거를 간단히 밝히는 그의 표정에는 담담함이 묻어났다. 먼 타향에서 몇 푼 안 되는 연금에 기대 사는 그의 모습이 스쳤다.

"그럼 지금도 연구를 계속 하시나요?"

"연구는 무슨...... 다 지난 일이요. 지금은 집 둘레에 쌓인 눈을 치우는 게 일이요."

우리는 지질연구소에 도착했다. 연구소장인 러시아인 지질학박사가 세미나실에서 캄차카 반도의 지질학적 특성과 개황을 설명했다. 과거의 천재 물리학자는 이마에 땀을 훔쳐내며 통역을 했다. 질문시간이 주어졌다. 우리 일행 중 하나가 질문을 하기 시작했다.

"캄차카 반도는 천혜의 자원으로 둘러싸여 투자가치가 높은 곳이라 사료됩니다. 주정부의 브리핑에서도 이를 강조했습니다. 그런데 알려지다시피 캄차카 반도는 화산지대입니다. 그래서 투자자들이 이를 많이 걱정합니다. 이곳으로 오는 잠깐 동안에도 폭발이야기를 많이 했습니다. 폭발에 대한 우려 때문인데요, 만약에 폭발이 일어난다면 주민들을 어떻게 대피시키는지요? 그런 매뉴얼이 있다면 그에 대해 말씀 부탁드립니다."

몇 년 전 화산폭발로 유럽이 화산재로 뒤덮여 항공기가 무더기로 결항하는 사태가 벌어진 것도 덧붙였다. 너무 오랜 만에 한국어를 들어서였는지, 아니면 질문자의 어휘 자체가 그의 뇌 속에 없던 까닭이었는지 몰라도 천재물리학자의 얼굴에 당황한 빛이 역력했다.

질질 끌며 '폼'을 잡는, 별 필요 없는 내용들로 채워진 긴 질문이었다. 옛날의 물리학자는 그 긴 질문 앞에서 다시 이마에 땀을 훔쳤다. '화산이 터졌을 때 주민들을 어떻게 대피 시키는가', 그게 요체였다. 하지만 '폭발'이란 단어가 몇 차례 되풀이 되었을 때 정말 폭발이 일어났다. 이리저리 헤매고 있는 그의 뇌에 '폭발'이 틀어박혔던 것 같았다. 그것도 화산폭발이 아닌 핵폭발이었다. 천재 물리학자라고, 그렇게 될 것이라고 칭송을 들었던 늙은 그의 머릿속에서 지질학 분야에서 다루는 '화산'은 물리학 분야의 '핵'으로 옮겨갔다. 연구소장에게 그 질문을 러시아어로 전달할 때, 그만 화산폭발은 핵폭발이 되고 말았다.

“만일 핵폭탄 같은 게 날아든다면 이런 화산지대에서 어떻게 사람들을 대피시키는지 말씀해 주세요.”

물론 러시아어로 화산(불칸)과 핵(야드라)는 발음이 전혀 다르다. 아마도 한국인 질문자가 몇 번 반복한 ‘폭발’이란 단어에 집중한 나머지 ‘화산’은 길을 잃고 ‘핵’으로 변한 잘못된 통역이 일어나고 말았던 것이다.

뒤쪽에 앉아 있던 나는 얼굴이 하얗게 질렸다. 그렇다고 불쑥 끼어들 수도 없었다. 연구소장은 고개를 갸웃대며 우리 일행을 의아스럽게 바라보았다. 기괴한 질문인 모양이었다. 천재물리학자에게 다시 물었다. ‘불칸’(화산), ‘야드라’(핵) 같은 단어들이 오갔다. 우리 일행의 좌장을 맡은 대외경제연구원 팀장이 끼어들었다. 그는 러시아어를 유창하게 구사했다. 그 긴 질문은 간단히 소장에게 전달됐다.

지질연구소에서 나와 점심식사를 하러 갈 참이었다. 머쓱한 표정으로 천재 물리학자는 내게 악수를 청해왔다. 그의 역할이 끝났나 보았다. 몇 푼의 수고비가 주어질 터였다. 같이 점심이라도 먹여 보냈으면 싶었다. 일행은 ‘화산’이 아닌 ‘핵’에 분개했는지 천재 물리학자

캄차카 화산지대

를 야멸찬 시선으로 훑어 내리고는 대절한 버스 안으로 들어갔다. 버스에 올라타지 못하고 주저주저하는 내 시야 속으로 아바차만灣 너머 하얀 힘줄을 드러낸 화산 봉우리가 크게 들어왔다. 깜짝 폭발을 일으킨 장본인은 서류가방을 옆구리에 끼고 구부정하게 어깨를 늘어뜨린 채 허청허청 발을 떼고 있었다. 천재 물리학자와 그렇게 헤어졌다.

점심 식사는 바다가 내다보이는 근사한 식당에서 했다. 음식을 놓고 떠들어대는 일행을 물끄러미 쳐다보았다. 자본에 찌든 우리의 모습들이었다. 이글이글한 내 눈 앞에 부글부글 끓으며 솟구쳐 나오는 붉은 용암이 어른댔다. 그렇게 내 속에서 빌류친스크인지, 코략스키인지 이름 모를 화산이 폭발하고 있었다.

캄차카 반도는 너무 잘 알려진 화산지대이다. 그런 자연 환경은 유네스코에 세계자연유산으로 등재가 되었다.

니콜라이 3세

러시아 로마노프 왕조의 마지막 황제는 니콜라이 2세다. 그런데 그의 뒤를 이은 니콜라이 3세가 있었다.

그를 캄차카 주의 주도 페트로파블롭스크-캄차츠키에서 만났다. 우리가 탄 차에 오른 그는 대뜸 자신을 차르 니콜라이 3세라 소개했다. 오십줄을 넘어선 검게 그을린 얼굴. 그는 양손을 허리춤에 대고 허리를 쭉 폈다.

"이 캄차카에선 내가 차릅니다. 왕위에 오른 지 꽤 됐습니다. 제가 바로 니콜라이 3셉니다!"

러시아 역사를 잘 모르는 사람은 무슨 소리인가 귀를 기울였다. 러시아 혁명이 일어나고 볼셰비키들에 의해 총살당한 마지막 황제가 니콜라이 2세라고 아는 사람들은 웃음을 지었다. 그러니까 니콜라이 3세는 역사에 없었다. 좀 터무니없긴 해도 그런 니콜라이 3세의 얼굴에 귀여운 구석이 있었다.

화물칸을 개조해 관광객을 태우고
화산지대를 오르내리는 트럭

니콜라이 3세는 현지 가이드였다. 그는 천안이 고향이라 했다. 그의

지열발전소

말로는 한국의 모 방송국에서 다큐멘터리를 찍는 카메라 감독을 맡았던 모양이었다. 캄차카의 자연을 영상에 담으려 들어왔다가 그만 그곳에 반해버렸다고 했다. 한국의 직장을 그만둔 뒤 캄차카를 다스리기 위해 들어왔다는 것이다. 호구지책으로 가이드를 하지만 그래도 이곳에서는 자신이 원하는 삶을 살 수 있다며 캄차카의 차르임을, 니콜라이 3세임을 다시 내세웠다.

니콜라이 3세와 함께 한 다음날 여정에서 그만 일이 벌어지고 말았다. 무트놉스키 화산지대로 향하는 비포장도로에서 그만 타이어에 펑크가 나고 말았다. 타고 있던 차는 러시아의 대표적인 대형트럭 '카마즈(KAMAZ)'를 개조해 만든 관광버스 같은 것이었다. 짐칸에 승객들이 앉을 수 있도록 제작된 차. 관광객을 태우고 화산지대를 오르내리는 차들은 전부 이 형태의 카마즈였다. 그 정도가 아니라면 험지를 다니기에 힘들 것이라 차에 오르며 고개를 끄덕였다. 차의 타이어 높이는 성인의 어깨 높이에 다다랐다. 그게 펑크 난 것이었다.

문제는 차에 설치된 유압 재크가 작동을 하지 않았다. 손으로 돌

무트놉스키 화산지대로 오르는 길

려 바퀴를 들어 올릴 수밖에 없었다. 러시아인 기사가 쩔쩔매며 재크를 움직이려 해도 바퀴는 꼼짝도 하지 않았다. 다른 차의 기사 몇몇이 와서 도움을 주려다가 고개를 흔들며 돌아갔다. 그렇게 한 시간을 훨씬 넘겼지만 상황은 그대로였다. 그 때 나선 게 니콜라이 3세였다. 캄차카의 재크의 힘도 별 소용이 닿지 않았다. 기사도 합세했다. 시간은 점점 흘러가고 있었다. 무트놉스키 화산지대로 올라가 지열발전소를 보고, 노천 온천에 몸을 담그기로 했던 일정이 점점 멀어져갔다. 물론 점심도 굶은 채였다. 차 안에는 일행이 요리해 먹기로 한 생닭과 채소 등이 그대로 있었다.

두 시간을 넘어섰다. 근육질 위로 불끈 솟은 힘줄처럼 7월 초인데도 채 녹지 않고 화산봉우리 아래로 죽죽 도드라져 있는 눈들만 바라볼 때였다. 니콜라이 3세는 커다란 돌덩이를 들고 와 심호흡을 했다. 그리고 비스듬히 재크에 꽂혀 있는 쇠파이프를 힘껏 내려쳤다. 쇠파이프가 재크에서 빠지며 튀어 오르고 말았다. "악!" 순간 비명이 울렸다. 이어 쇠파이프가 땅에 떨어지는 금속성 소리가 탕 울려 퍼졌다.

곰 퇴치용 가스

니콜라이 3세는 얼굴을 감싼 채 주저앉았다. 놀라서 그에게 달려갔다. 찢겨진 이마에서 피가 흘러 내렸다. 다행인 게 그래도 눈에는 상처가 없었다. 거대한 캄차카 땅을 다스리는 니콜라이 3세의 그 분노에 찬 외마디에 바퀴가 놀랐나 보았다. 자동차 기사가 다시 그 파이프를 꽂아 힘을 주었다. 쇠파이프가 아래 위로 움직이기 시작했다. 그리고 바퀴를 손질하여 얼마 뒤 차는 무트놉스키 화산 지대를 오르기 시작했다. 드디어 우리 일행은 보았다. 쉭쉭 거리면서 꿈틀대는 온천수를, 아래로 허연 수증기를 내뿜으며 계곡 아래로 흘러내리는 간헐천을.

모두 니콜라이 3세의 영토였다. 우리는 감탄하며 그 풍경을 사진에 담았다. 그 사이 그는 상처 입은 머리를 붕대로 감싼 채 우리에게 늦은 점심을 하사했다.

우리는 산 중턱에 있는 노천온천으로 올라갔다. 반대편 계곡 저 멀리에 불곰 두 마리가 움직이고 있었다. 어디선가 튀어 나올지 모르는 곰 때문에 겁에 질려 주위를 두리번거렸다. 니콜라이 3세는 우리에게 곰을 쫓는 가스통을 보이며 안심을

계곡 아래로 흐르는 간헐천

시켰다. 우리는 몸을 담그고 캄차카로 스며들었다. 니콜라이 3세는 내내 우리 곁을 지키고 있었다.

지금도 니콜라이 3세는 건강한 모습으로 그의 영토를 거닐고 있으리라 믿어본다.

니콜라이 3세 만세!

니콜라이 3세 우라!

캄차카 공항 셔틀버스

캄차카에서 며칠간의 여정을 끝내고 떠나기 위해 공항에 나왔다. 하바롭스크에서 일들이 남아 그리로 가는 비행기를 타야 했다. 집 생각도 나고, 무엇보다 지쳐 있었다.

간혹 캄차카 시내를 돌아다니는 한국버스를 볼 때마다 집 생각이 나기도 했다.

시베리아 여러 도시의 시내버스는 한국의 중고버스를 들여와 그대로 운행하는 것을 심심치 않게 본다. 그런 버스에는 수원, 부산 등 우리나라 여러 도시에서 운행되던 시내버스 노선을 그대로 붙여놓고 있다.

엘리조보 공항에서 비행기를 기다리고 있을 때였다. 공항은 조그마했다. 그래서 비행기가 서있는 활주로까지 가기 위한 셔틀버스가 운행 중이었다. 탑승 수속을 끝내고 조금 기다렸을 때 셔틀버스가

엘리조보 공항

캄차카 공항 셔틀버스

나타났다. 근데 그 버스는 서울을 누비던 낯익은 버스 색을 하고 있었다. 한국의 중고 버스를 셔틀버스로 이용하는 모양이었다.

버스 앞으로 나섰을 때 와락 반가움이 덮쳤다. 오래 전 서울 시내버스의 색을 하고 있는 그 버스. 늘 사람을 빼곡히 싣고 긴 노선을 다녔던 그 버스는 이제 한국에서 일을 내려놓고 먼 캄차카 땅에 와 있는 것이다. 버스 측면에 붙은 노선표가 눈에 크게 확대되어 왔다. 우리 집이 있던 쌍문동을 다니던 버스였다.

늘 만원이었지만 나를 집에다 데려다 주었던 고마운 버스. 추운 날이면 발을 동동 구르며 언제 올까 목을 빼며 기다리던 그 노선의 버스였다. 언젠가 나도 저 버스에 몸을 실었겠지.

캄차카의 그 버스에 오르며 이대로 서울에 있는 집으로 쭉 갔으면 하는 생각을 했다.

꽤 오래 전의 일이다. 아마도 지금쯤 그 버스를 캄차카 공항에서 다시 볼 수 없을 듯싶다.

사할린

사할린은 백여 년 전 러시아인에게 있어 가장 험한 유형의 땅이었다.

《사할린 섬》이라는 책으로 그 섬을 세계에 알린 사람은 안톤 체호프였다. 그가 사할린에 도착해서 몇 개월 머물겠다고 하자 그곳 수용소장이었던 러시아 장군의 말.

> "모두 다 여기서 도망칩니다. 죄수들도, 주민들도, 관리들도 말이죠."•

그래서일까. 사할린에서는 모두 묶어 놓는 모양이다.

> 달려들지도 않는 온순한 개들이 왜 줄에 매여 있는지 모를 일이다. 돼지가 있는 경우에는 목에 종을 매달고 있다. 닭도 역시 다리에 끈이 묶여 있다.
>
> "왜 당신네 개와 닭을 묶어 놓나요?" 라고 주인에게 물어본다.

• 안톤 체호프, 배대화 옮김, 《사할린 섬》.

“이 땅이 그런 곳입니다.”•

사할린에선 동물이고 사람이고 모두 다 유형을 살았던 모양이다.

‘천혜’라는 단어를 사할린을 두고 쓰는가 보다. 타타르 해협과 오호츠크해가 감싸고 있는 사할린은 천혜의 수용소이다. 바다까지 가지 못하는 경우 숲 속의 곰들에게 먼저 들켜 먹잇감이 되거나, 설사 곰의 위험으로부터 피할 수 있다 해도 숲에서 헤매다가 길을 잃어 굶어죽기 십상인 곳이다. 그래서 탈출을 시도한 죄수들은 수용소에서 얼마 벗어나지 못한 곳에서 간수에게 붙잡히는 것을 다행으로 여겼는지도 모른다고 체호프는 적고 있다.

• 앞의 책,

체호프가 동쪽으로 간 까닭은

사할린은 안톤 체호프를 톡톡히 우려먹고 있다. 물론 전 러시아 곳곳에 러시아의 대문호들의 자취가 서려 있기는 하다. 시베리아 벽촌의 비포장 흙길 이름에서 푸슈킨 거리, 고골 거리, 투르게네프 거리 등 문호들의 이름을 딴 거리를 쉽게 만난다. 그래도 사할린 같이 한 작가를 우려먹는 경우는 보지 못했다. 사할린은 그 길이가 한반도와 비슷하다. 그 섬 북쪽에서 남쪽까지 체호프가 필요한 것이다.

만약 체호프가 사할린에 오지 않았다면 사할린의 러시아인들은 무엇을 내세울 수 있을까. 체호프의 삼개월의 체류 덕분에 그의 이름을 자기 것으로 당당히 내세우고 있다. 사할린에는 체호프시市도 있다. 체호프가 처음 발을 내린 사할린 북쪽의 도시 알렉산드롭스크-사할린스키에도 체호프가 머문 집을 체호프 박물관으로 만들었다. 그 앞에 동상도 세워 놓았다. 체호프는 유즈노-사할린스크에는 발을 들여 놓지도 않았다. 그럼에도 그를 기념한 유즈노-사할린스크의 박물관 이름이 〈체호프의 책 '사할린 섬'박물관〉

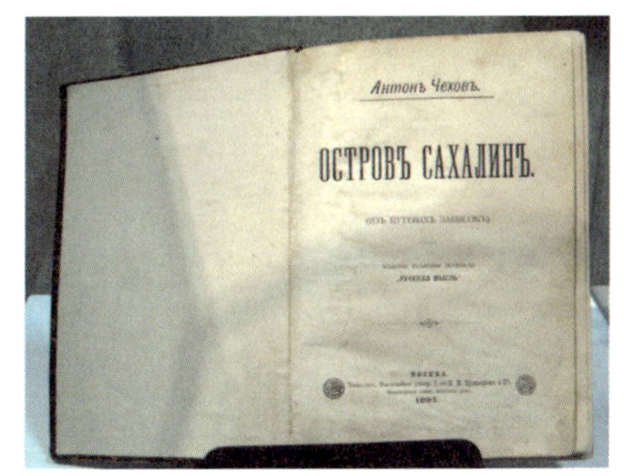

1895년에 출간된 《사할린 섬》

이다. 그 곁에 커다랗게 체호프극장이 자리 잡고 있다. 그 둘레로는 공원이다. 그 안에는 조그마한 악단이 연주할 수 있는 시설, 그리고 체호프 작품들 속의 인물들을 세워놓은 조각물들이 공원 곳곳에 눈에 띈다. 유즈노-사할린스크의, 아니 사할린의 으뜸가는 문화공간인 것이다.

사할린으로 가기 전, 짐을 꾸리며 여러 권의 책을 집어 들었다가 도로 놓고 말았다. 그리고 달랑 안톤 체호프의 책 한 권만 챙겼다. 책 제목은 《사할린 섬》이었다. 체호프 작품은 많이 읽었지만 이 작품은 처음이었다. 소설이나 희곡장르가 아닌 여행기를 곁들인 보고서 형태의 기록이다. 그러나 몇 쪽 읽다가 나는 얼른 책을 덮고 말았다. 유형지로서의 사할린이 나를 다시 휘어잡았다. 체호프는 왜 사할린으로 가려 했을까. 당시는 가장 악명 높은, 세계의 끝에 자리 잡은 유형지 아니었는가. 러시아 문학사를 배울 때 체호프는 삶의 새로운 전환점을 맞으러 사할린으로 갔다고만 들었다.

알렉산드롭스크-사할린스키의 체호프 동상

1890년 4월 체호프는 모스크바를 출발하여 크라스노야르스크 등 시베리아의 도시들을 지나 7월에 사할린에 도착한 뒤 세 달 남짓 머물게 된다. 그 결과물이 《사할린 섬》이다. 여행기라는 장르이지만 실제로는 사할린의 실태 보고서였다.

러시아 문학에서 유형을 다룬 작가들과 작품들이 있다. 도스토예프스키의 《죽음의 집의 기록》과 솔제니친의 《이반 데니소비치의 하루》 같은 작품들은 한국독자들에게도 잘 알려진 바다. 그러나 이 작품들은 작가가 직접 유형을 갔다가 얻은 체험의 소산물이었고, 엄연히 장르상으로도 분명 소설로서 체호프의 그것과는 사뭇 다르다.

유즈노 사할린스크 공원에 있는 체호프의 단편 〈개를 데리고 다니는 여인〉의 주인공

잘 알려진 대로 사할린으로의 여행 전에 체호프는 톨스토이, 특히 그의 무저항주의에 매료되어 있었다. 그러나 유형지의 참담한 실정을 체험한 그는 자기가 깊이 빠져 있던 톨스토이의 사상이 비현실적임을 절감한다.

> 정말이지 이곳의 생활은 러시아와는 전혀 다르다! 이곳에서 보드카의 안주로 삼는 훈제연어에서부터 이런 저런 대화에 이르기까지 모든 것에서 러시아적인 것이 아닌 이곳 특유의 고유한 무언가를 느끼게 된다. 〈……〉 나는 마치 러시아가 아니라 남미의 파타고니아나 텍사스에 있는 듯했다. 〈……〉 여기서는 푸슈킨이나 고골을 몰랐는데 그 이유는 알 필요가 없기 때문이며, 우리 역사는 따분하고, 러시아에서 온 우리는 외국인이라는 생각이 들었다.•

• 안톤 체호프, 배대화 옮김, 《사할린 섬》,

체호프 극장. 유즈노-사할린스크

체호프가 사할린에 발을 딛었을 때 인상이다. 그곳에 푸슈킨이, 고골이 왜 필요 있을까.

체호프는 삼개월 동안 사할린의 감옥과 유형수들, 그리고 마을 주민들의 실태 등을 꼼꼼히 조사했다. 체호프는 마지막으로 사할린 남쪽 코르사코프항에 머물다가 떠난다. 배로 홍콩을 지나 인도양을 거쳐 수에즈 운하를 통과한 뒤 러시아의 흑해 항구도시 오데사에 도착하며 여행을 끝낸다.

여기서 꼼꼼히 기록한 자료들과 이를 바탕으로 한 인간 본질에 대한 성찰, 그리고 그의 문학적 변화를 가져올 것들을 품고 그는 사할린을 벗어났을 것이다. 그리고 유형의 땅에 대한 보고서 형식의《사할린 섬》을 펴냈다. 이 책을 통해 러시아인들도 믿지 못하는 러시아의 가장 어둡고 추한 곳의 실정을 세상에 알렸다.

체호프의 책《사할린 섬》박물관. 유즈노-사할린스크

사할린은 그렇게 체호프에 의해 세상에 알려졌다. 그리고 사할린은 기다렸다는 듯 체호프를 톡톡히 우려먹고 있다. 아니면 너무너무 그에게 감사하고 있다고 해야 하는지. 한 작가가 준 영향이 이토록 클까?

쇠고랑 문양의 시 상징

러시아의 여러 도시들은 상징으로 멋진 이미지들을 내세운다. 하늘, 땅 같이 추상적인 의미에 곰, 호랑이, 담비 같은 동물을 끼워 넣기도 한다. 그런데 사할린의 알렉산드롭스크-사할린스키에서 기괴한 도시 상징 문양을 보았다.

사할린 북쪽을 여행하며 체호프가 처음 도착했던 알렉산드롭스크-사할린스키에 들렀다. 사할린 주의 주도州都인 유즈노-사할린스크는 일본이 계획하여 건설한 도시다. 반면, 알렉산드롭스크-사할린스키는 제정 러시아 시절 유형수들을 보내 건설한 도시로 2차세계대전 때까지 사할린에서 소련의 중심도시였다.

알렉산드롭스크-사할린스키 시의 문양

"거기는 사할린에서 두 번째로 큰 도시예요. 기차에서 내리면 들어가는 버스도 많아요."

알렉산드롭스크-사할린스키에 대한

정보를 제대로 얻지 못했기에, 그곳이 고향이라는 한 노파의 말만 철석같이 믿었다. 어느 박물관에서 안내를 맡고 있던 노파였다.

유즈노-사할린스크에서 사할린 섬을 북쪽으로 종단하는 밤기차를 타서 이른 아침에 내렸다. 트이몹스크역에서 버스로 갈아타야 했다. 한 시간 가량 걸린다고 들었다. 기차에서 내렸을 때 사람들이 냅다 뛰기 시작했다. 덩달아 나도 등에 맨 배낭을 덜렁거리며 달렸다. 알렉산드롭스크-사할린스키로 들어가는 버스는 중형이었는데 출발하려고 부르렁대고 있었다. 차 시간을 알고 보니 그 차 한 대뿐이었다. 이른 아침 한 대, 그리고 저녁에 한 대, 두 번 운행한다고 했다. 돌아오는 기차표를 끊어놓았기에 저녁에는 다시 그곳으로 나와야 했다.

불안했다. 한 시간 가량 흙길을 달려 도착한 나는 나오는 차편부터 예약하려 버스 차고지에 붙은 매표창구로 달려갔다. 창구는 닫혀 있었다. 언제 열지 모른다고 했다. 다시 노파의 말이 되살아났다. 자부심이 섞였던, 사할린에서 두 번째로 큰 도시라는 자랑과 실제 버스 시간표가 뒤섞였다. 알렉산드롭스크-사할린스키에 대해 의심이 일기 시

알렉산드롭스크-사할린스키의
텅 빈 중앙광장에 서 있는 레닌동상

알렉산드롭스크-사할린스키의 정교회 성당

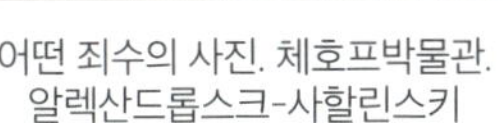

어떤 죄수의 사진. 체호프박물관.
알렉산드롭스크-사할린스키

강제 노동을 재현한 미니어처.
체호프박물관. 알렉산드롭스크-사할린스키

작했다. 버스 차고지의 허름한 나무 의자에 삼십분 넘게 앉아 있었다. 마치 그곳에 온 목적이 나가는 버스표를 끊는 것에 있는 듯했다. 할 수 없이 자리를 떴다.

사실 그곳에 갔던 까닭은 체호프를 만나기 위해서였다. 그의 저서 《사할린 섬》 책에 적어 놓은 내용을 따라 기억을 더듬으려 했다. 그가 머물렀던 집은 지금 체호프 박물관이 되었다. 당시 기록사진들이 잔뜩 있었다. 유독 내 눈에 확대되어 오는 건 죄수들이 찬 쇠고랑이었다. 어쨌든 박물관을 둘러보고 나왔다. 물론 중간에 매표소에 다시 들렀다. 아무도 없었다.

단 하나뿐인 '삼형제 바위' 호텔이 있는, 나름 그곳의 중심가인 곳을 향해 언덕을 오를 때였다. 게시판에 인쇄해놓은 기괴한 문양이 눈에 들어왔다. 그러고 보니 매표소를 오르락내리락 하며 본 문양이었다. 자세히 보니 이곳이 수용소로 세워질 때 러시아 황제였던 알렉산드르Ⅱ세를 뜻하는 'AⅡ', 바다에 서 있는 '삼형제 바위', 그리고 죄수

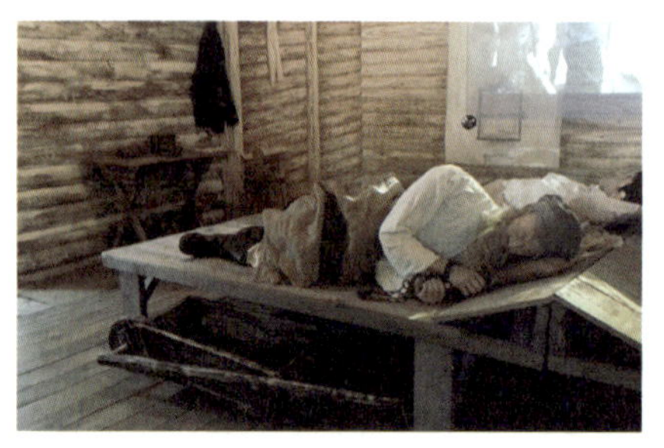
재현해 놓은 죄수의 생활. 체호프의 '사할린섬' 박물관

들의 손과 발을 옥죄었던 쇠고랑이 쪽빛 바탕에 세로로 늘어져 있었다. 시의 역사와 풍광을 담은 그 문양에 뭐라 하긴 그렇지만, 내 눈에는 기괴하기 짝이 없었다. 더구나 을씨년스러운 시의 분위기, 무엇보다 몇 차례 들러도 닫혀 있는 버스매표소가 자꾸 그 문양 속 쇠고랑을 떠오르게 만들었다.

언덕 위의 도시 중심가에서 멀리 내려다보이는 '삼형제 바위'에 시내버스를 타고 갔다 왔다. 매표소는 아직 닫혀 있었다. 제정 러시아 때 이곳으로 들어오는 입구인 두이카 강과 그 위에 걸쳐진 유명한 다리도 몇 차례 오르내렸다. 매표창구는 여전히 닫힌 채였다. 안내판에도 분명 일할 시간이었다. 몇 번이나 창고 같은 터미널 건물을 들락거렸을 때 창구가 열려 있었다. 버스표를 파는 여인은 기차역이 있는 트이몹스크 행 노선은 이미 표가 매진되었다고 딱 잘라 말했다. 알고 보니 그리 가는 버스도 한 대 뿐이었다. 기차표를 예약해 둔 터라 낭패였다. 이리저리 알아보다가 다행히도 그곳을 빠져나갈 방법을 찾았다. 호텔 직원이 합승 택시를 예약해 준다고 했다.

대낮처럼 환한 오후 5시, 개들만 휑뎅그렁한 거리를 어슬렁거렸다. 택시가 오기로 한 시간이었다. '삼형제바위 호텔' 앞 체호프 흉상 곁에서 난감해하며 서 있었다. 둘레둘레 보아도 정말 나 혼자였다.

삼형제바위 호텔과 체호프 흉상

거짓말같이 인적이 끊겨가는 자그마한 도시. 흉상 속 체호프도 퀭한 눈으로 거리를 바라보고 있었다. 백여 년 전 유형수들로 북적였을 곳곳은 너무 빨리 적막 속으로 빠져들었다. 그 고요 속 어디선가 울려올 듯한 손과 발에 채워진 무거운 쇠고랑을 끄는 소리를 듣고 있는지도 몰랐다. 체호프는 죄수들이 이 섬에서 도망칠 수 없다는 사실을 강조했다. 이곳에 온 이상 그냥 숙명처럼 있어야 한다고 했다. 흉상 속 체호프의 표정도 지쳐보였다. 그도 사할린에 발을 들였다가 나가지 못하고 지난 지금까지 그 쇠사슬에 꽁꽁 묶여 있는 것만 같았다. 가끔 차들이 지나쳐갔다. 혹시 예약한 차일지도 모른다고 다가가면 아니었다. 뭔가 잘못된 것 같았다. 호텔로 다시 들어갔다. 택시 예약을 했던 호텔 사무실도 닫혀 있었다. 또 그 기괴한 문양이 떠올랐다.

예약했던 택시가 도착한 것은 한 시간 가량 지난 뒤였다. 이미 차 안에는 세 명의 승객이 타고 있었다. 겨우겨우 비집고 뒷좌석에 앉았다. 흙먼지 속에서 언뜻언뜻 알렉산드롭스크-사할린스키 풍경이 뿌옇게 뒤로 물러났다. 나는 그제야 숨을 돌리고 있었다.

삼형제 바위

숫자 3은 동서양 할 것 없이 신성하게 여긴다. 시베리아에서 숫자 3과 얽힌 그런 바위들을 여럿 보았다. 봉우리 세 개가 나란히 서있는 바위들.

바이칼 올혼섬 북단 하보이곶 근처에도 '사간 후순'이라 부르는 삼형제 바위가 있다. 얽힌 전설은 이렇다. 그 섬의 한 샤먼에게 세 아들과 딸이 하나 있었다. 딸은 한 젊은이를 사모했는데, 샤먼인 아버지는 사윗감이 맘에 들지 않았다. 그 다음부터는 익숙한 이야기다. 바이칼과 안가라의 전설처럼. 딸은 어느 날 아버지를 속이고 도망쳐 연모하는 젊은이에게 갔다. 이를 안 샤먼은 자기 아들 셋을 독수리로 변하게 하여 딸을 찾도록 했다. 마침내 그들은 누이동생을 찾아냈지만 눈물을 흘리며 애원하는 그녀를 아버지에게 일러바칠 수가 없었다. 이에 격노한 샤먼은 아들 셋을 바위로 만들어버렸다.

바이칼 올혼섬

캄차트의 아바차만 앞

캄차카 아바차만

바다 위의 세 바위도 '삼형제 바위'이다. 들리는 전설로는 삼형제가 육지로 밀어닥치는 해일을 막으려 바위가 되었다고 한다.

사할린의 알렉산드롭스크-사할린스키에도 '삼형제 바위'가 있다. 이 삼형제 바위는 시를 상징하는 깃발에 문양으로도 들어가 있을 정도로 유명하다. 심지어 호텔 이름도 '삼형제 바위' 호텔이다.

왜 유독 형제일까. 요즘 같은 세상에서 이의를 제기해 볼 만하지 않을까. 남성우월주의가 만들어 낸 산물일까.

그런데 다행히도 알렉산드롭스크-사할린스키의 '삼형제 바위' 뒤편 산 너머에는 '세 자매 바위'가 있다. 삼형제 바위를 가장 가까이서 볼 수

알렉산드롭스크-사할린스키

세 자매 바위로 가는 통로

알렉산드롭스크-사할린스키의 세 자매 바위

있는, 급경사를 이루는 해변에서 조금 걷다보면 꼭 갱도같이 버팀목을 촘촘히 댄 습기 차고 침침한 터널이 나온다.

인적도 별로 없는 그 터널을 빠져 나오면 숨겨진 풍경이 펼쳐진다. 사람들의 눈에 잘 띄지 않는 곳. 거기에 세 자매가 물속에 몸을 반쯤 담근 채 웅크리고 있는 듯하다. 어쩌면 남성들의 횡포에 못 이겨 집에서 도망친 세 자매들이 삼형제의 눈에 띄지 않는 산 너머 바다에서 어쩔 줄을 모르고 있는지도 모를 일이다.

우리의 사할린

사할린으로 가는 내내 무거운 마음을 떨칠 수가 없었다. 사할린에 대한 개요와 한인들의 사연은 조금 아는 정도였다. 마음 한 구석에 늘 한번 꼭 들러야 할 장소로 자리 잡은 곳임에도 그랬다. 미지의 장소로 가며 설레야 하는데 그렇지 못했다.

사할린하면 떠오르는 이미지들, 그건 '강제'라는 힘이 작용해 낳은 결과물들이었다. '징용', '유형' 따위의 단어들이 만들어 내는 어둡고 침침한 것들이 자꾸 눈앞에 어른댔다.

유즈노-사할린스크의 한인문화센터 앞 사할린 희생사망동포 위령탑

여름에 접어들었는데도 불구하고 나를 맞이하는 짓궂은 날씨와 섭씨 10도 정도의 기온에 움츠러들며 공항 밖으로 나왔다. '사할린한국어교육원'에서 마중 나온 두 분의 교포직원이 있어 한결 마음이 놓였다. 그리고 숙소에 짐을 풀자마자 향한 곳이 한국문화센터였다.

거기서 '사할린한인이산가족협회' 기념행사가 열리고 있어 나는 얼떨결에 영사관분

유즈노-사할린스크의 한인문화센터 앞
이중징용희생자 추모비

들과 현지 여러 분들과 인사를 나누고 다소곳이 앉아 진행을 지켜보았다. 나이 든 교포분들의 얼굴에 스민 세월은 내가 가늠할 수 없는 것이었다. 흥겨운 분위기임에도 그냥 숙연하게 앉아 있었다.

무엇보다 행사장으로 들어가며 본 '사할린한인문화센터' 곁의 검정 위령탑과 추모비가 자꾸 눈에 어른거렸다.

사할린하면 일제강점기에 강제징용으로 끌려온 교포들만 생각했다. 강제징용 전에는 많은 사람들이 돈을 벌려고 이리로 왔다. 대개 가족, 친척 단위가 많았다.

'이중징용'이란 낯선 단어도 접했다. 사할린에 있다가, 전쟁 막바지에 다시 사할린에서 일본 본토로 강제징용 간 것을 뜻하는 말이다. 그렇게 이중징용으로 다시 이산의 아픔을 겪으며 사할린에 남은 사람들도 많았다.

어떤 노인이 내 곁에 앉아 말을 꺼냈다.

"내가 화태로 온 때는 열두 살이야."

하지만 흥겨운 음악 소리가 노인의 말을 덮어버렸다. '화태(樺太)'•

대한항공 피격 희생자 추모비, 건물 뒤편으로 오호츠크해가 보인다

라는 말은 익숙했다. 그 지명은 늘 이런 어구 속에 있었다.

"화태 먼 앞바다는…."

'화태'가 사할린을 뜻하는지도, 또 '먼 화태 앞바다'는 오호츠크해를 일컫는지 안 것은 시베리아에 발을 들여 놓고서였다.

예전에 아버지는 늘 트랜지스터라디오를 틀고 주무셨다. 곁에서 자던 나는 그 방송을 귀 너머로 들어야 했다. 아버지의 주파수는 고정이었다. 지금 돌이켜보면 아마 KBS에서 해외 동포를 위한 방송을 송출하는 시간대가 있었던 것 같다. 하여간 한밤중인지 이른 새벽인지

• '화태(樺太)'는 사할린의 일본식 이름인 '가라후토'의 한자어이다. 이는 원주민인 '아이누'족이 사할린을 부르던 명칭을 그대로 차용한 것이다. '검다'는 뜻의 '가라'는 사할린의 타타르해협으로 흘러드는 흑룡강(아무르강)에서 유래한 듯하다. 지금의 '사할린'이라는 명칭은 '검은 강', 즉 '흑룡강(아무르강) 하구로 들어가는 바위'라는 뜻의 만주식 표현인 '사할랸 앙가 하타'를 바탕으로 한 것이라 알려져 있다.

한국 쪽을 향한 한인들의 공동묘지

는 몰라도 어둠 속에서 울리던, 먼 이국의 일기예보 속에 자리한 '화태'라는 지명이 기억에 남아 있었다. 그 노인이 화태라는 말을 꺼낼 때 정말 나는 '먼' 곳으로 왔다는 사실을 실감했다.

몇몇 나이 드신 분들이 불편한 몸으로 다가와 나를 반기는 게 아닌가. 그 분들의 사연들 속에 화태라는 지명이 간간이 파고들었다. 그들의 인생행로는 간추린 것들이었지만 나는 그 무게에 숨이 막혔다. 화태.

'화태'의 한자표기에서 '화(樺)'는 다른 뜻도 있지만 우선 자작나무를 일컫는다. 정말 여느 러시아 지역처럼 자작나무가 많다. 그런데도 그게 시베리아나 러시아의 다른 도시에서 봤던 여느 자작나무와는 다르다는 느낌을 떨칠 수가 없었다. 나와 함께 비행기를 타고 도착한 상념들과 잔뜩 편견에 휩싸인 자작나무들이었다. 거리를 따라 심어진 자작나무는 낯설었다.

도착하고 바쁘게 여기저기를 다녔다. 우리 한인들과 관련 있는 곳들이었다. 그 산골의 폐광촌에도 자작나무는 먼지를 뒤집어쓰고 있었다. 어쩌면 그게 내 고정관념 속에 있는 사할린의 자작나무였는지도 모른다.

코르사코프항 언덕에 세워진
반쪽 난 배 형상의 한인망향탑

소련이 몰락하고 사할린의 조그마한 도시 중 많은 곳이 폐허처럼 변했다. 문 닫은 채 골조만 남은 공장들, 또 그런 모습의 아파트들. 거기다가 검은 석탄의 잔해들이 남아 있는 탄광 언저리의 마을들. 거기 살던 한인들은 대부분 유즈노-사할린스크 같은 대도시로 이주를 했고, 소수만 아직 남아서 살고 있었다. 우울했다. 종전 뒤 유언비어에 흥분한 일본인들한테 학살당한 한인들의 추모비, 사할린 앞바다에 격추된 KAL기 희생자 추모비. 몇 시간씩 차로 털털 달려갔던 곳들이 그랬다.

1945년 일본이 항복하고, 일본인들은 코르사코프항港을 통해 귀국한다. 그때 많은 한인들이 그 배를 타려고 몰려들었다. 창씨개명을 했고, 얼굴도 비슷해 구분이 쉽지 않았지만 어떻게 알고 소련군들은 한인들을 속속 골라냈다. 사할린에 필요한 노동력을 확보하기 위해서였을까.

물론 일본인들의 도움으로 일본으로 간 사람도 있다고 하지만 소수였다. 남아있는 한인들 중 코르사코프의 수직에 가까운 언덕에서 그 배를 망연스레 바라보다가 절망감에 투신해 죽은 사람들이 많다는 이야기를 들었다. 고국으로 돌아가지 못하고 이 땅에 묻힌 한인들이 타려 했던 배는 반쪽으로 조각이 난 채 언덕 위에 세워져 있다. 이 조형물은 한국의 여러 단체와 기업, 그리고 사할린우리말방송국 후원으로 세워진 것이다.

이제 사할린은 경제 논리에 따라 천연가스와 석유, 목재, 수산물 등 천연자원으로 다시 주목을 받는다. 한인들도 사할린 사회의 정계와 재계에 많이 진출했다. 인구 통계상 사할린에서 한인은 러시아인 다음으로 많은 숫자를 차지하고 있다. 그 만큼 위상이 올라간 것이다.

그럼에도 그 검은 석탄 빛을 한 우리 민족의 역사는 아직 사할린 곳곳에 드리워져 있다.

어느 돌 사진

사할린에 머물 때였다. 어느 교포가 집으로 나를 초대했다. 주인 내외가 부엌에서 차를 준비하는 동안 나는 둘레둘레 거실을 살폈다. 정면의 장식장 위에 어린 아이의 사진을 담은 큰 액자가 눈에 들어왔다. 아기 돌 사진 같았다. 흑백사진이었는데 아이얼굴을 둘러싼 하얀 부분은 퇴색해 있었다. 언뜻 보기에도 오래 전에 찍은 것이었다. 사진 속 아이의 똥그랗게 뜬 두 눈에는 총기가 배어 있었다.

마치 사진사가 자기 쪽을 보라는 말을 제대로 알아듣고 주시하는 표정. 입가에 웃음까지 머금은 아이는 돌배기가 아닌 듯 의젓했다. 나는 고개를 갸웃댔다. 차를 마시며 좀 서먹한 분위기를 벗어나려 그 사진의 아이에 대해 물었다.

글 속의 돌 사진

"그거 우리 큰 애 사진이야요."

교포2세인 주인은 칠십을 바라보았다. 교포3세인 사진 속 아이는 이미 40이 넘었다. 나는 아주 똘똘했겠다고 추켜세웠다.

"똑똑했지요."

그러니까 사할린에서 모스크바까지 유학을 할 수 있었다고 은근 자랑을 섞었다.

"저 사진은 그 아이 세 살 때 찍은 겁니다. 그 때는 전부 어렵게 살았어요. 나중에 돌 사진 대신 찍은 게 저겁니다."

그제야 궁금증이 풀렸다. 이런 저런 얘기 끝에 그 부부에게 아들 셋이 있다는 것도 알았다. 지금은 러시아의 모스크바와 상트 페테르부르크에 가서 살고 있다고 했다. 나는 큰 아들 사진만 꺼내 놓으면 나머지 둘이 섭섭해 하지 않느냐고, 우스갯소리를 했다. 농담 같은 대답을 들었다.

"저때 우리 애들 셋이 얼굴이 다 똑 같았었지요. 저 사진 하나만 놓으면 됐어요. 그래서 저게 세 아이의 돌 사진이 된 거야요."

나머지 두 아이는 큰 아들로 축약되었다는 말이었다.

최근의 컬러로 된 사진이 그 돌 사진 옆에 있었다. 사진 속에는 알록달록한 옷들로 통일한 삼형제가 해변에서 어깨동무를 하고 있었다. 한 눈에 보기에도 그들의 체형이며 얼굴은 다 달랐다.

그 교포 집을 나올 때 이미 어둠이 내려 앉아 있었다. 어둠에 잠긴 골목 어딘가에서 세 아이들이 뛰노는 소리가 들려오는 듯 했다. 하나의 얼굴을 한 세 아이들이. 지금은 나름 성공해서 모스크바와 상트-페테르부르크에 산다는 그들의 어린 시절이 돌아오는 내내 어른거렸다.

투구꽃-가라후토 부시

그 꽃이 투구꽃인지는 몰랐다. 사할린의 교포들은 이 꽃을 일본식으로 '가라후토 부시'라고 부르는 모양이었다. 가라후토-부시가 대체 어느 꽃인지 궁금했다. 유즈노-사할린스크 외곽의 볼쉐비키 산에서 이 꽃을 찾았다.

사할린에서 이 꽃 이름이 뇌리에 박힌 것은 《산중반월기》(山中半月記)라는 글을 읽고 나서였다. 몇 년 전 대한민국 국무총리실 산하 '대일항쟁기 강제동원피해조사위원회'에서 사할린에 있던 보존기록과 문서를 찾을 때 이 글이 발견되었다. 그것을 한 교포가 내게 소개해주었다. 그는 문서보존실에서 《산중반월기》•를 찾은 인물이었다.

그 글을 읽고 그에게 대체 가라후토 부시가 어떤 꽃이냐고 물었다. 사할린에서 태어나 60이 넘도록 살아왔지만 아직 그 꽃을 보지 못했다고 했다. 어쩌면 식물에 문외한이라 보고도 그냥 지나쳤을지도 몰랐다.

• 국한문혼용체의 《산중반월기》를 '대일항쟁기 강제동원피해조사위원회'에서 조사를 맡았던 방일권 교수가 요즘의 문장으로 바꿔 《오호츠크해의 바람》이라는 책으로 다시 엮었다.

투구꽃

《산중반월기》는 춘계 류시욱이 쓴 일기체의 글이다.

글 제목 그대로 산중에서 벌초꾼들의 밥을 해주러 갔다가 쓴 보름 동안의 일기다. 류시욱은 서애 류성룡의 13대 손으로 알려져 있다. 그는 일제 강점기에 사할린으로 끌려갔다가 해방 뒤 돌아오지 못하고 사할린에서 운명을 달리했다.

류시욱은 사할린의 크라스노고르스크에서 한국어교사로 있다가, 소련 당국이 한국어 대신 러시아어 교육을 강화할 때 교직에서 물러났다. 실직을 한 그가 벌초꾼들의 식사 담당으로 따라나섰다가 남긴 게 바로《산중반월기》이다.

일기 속에서 그는 고향에 대한 그리움, 그리고 일제강점기 때의 친구들과 그 운명, 독립운동에 대한 단상, 그리고 서울에서 문단에 등단하고 문인협회에 가입해 활동하던 일, 일본 경찰에 잡혀 잠시 수감되었다가 사할린으로 강제 징용을 온 내막 등, 그리고 사할린 한인의 처지와 한국에 남기고 온 아들에 대한 그리움을 이 글 속에 담고 있다.

류시욱의 일기 중 한 장면

나는 나비처럼 꽃잎이 동그랗게 양(兩)쪽으로 붙었고, 잎이 쨀쭉한 것이 어찌나 곱던지 따서 그 향기(香氣)를 맡아 보고도 싶다. '가라후토 부시', 그 잎을 손까락으로 문지른 다음 그 손까락을 빨기만 하여도 죽는다는 독초(毒草)이었만 그래도 벌들은 그 꽃에서 꿀을 찾아 날라 다닌다.

(《산중반월기》의 9월4일 일기 중에서)

몇 분의 교포들과 함께 야유회를 볼쉐비키산으로 갔다. 《산중반월기》를 알려준 그 분도 함께였다. 자리를 찾아 계곡을 건넜을 때였다. 풀섶 속에서 쑤욱 솟아오른 보랏빛 꽃을 단 식물이 눈에 띄었다.

나는 풀들을 헤집으며 다가갔다. 시베리아를 다닐 때 이름도 모른 채 두어 번 만난 것 같은 꽃이었다. 너무도 짙은 보라색으로 어서 만져 달라고 유혹하고 있었다. 근처에 이 꽃들이 군데군데 보였다. 나는 그 중 하나를 꺾었다. 꺾인 줄기에서 진액이 묻어났다. 이게 혹 입에 대기만 하면 죽는다는 그 독초일까. 그 보랏빛 꽃을 뚫어져라 바라보았다. 점점 그 빛으로 빨려드는 것만 같았다. 마치 저 명부(冥府)의 빛 같은 그 보랏빛 속으로.

그 꽃이 달린 줄기를 들고 일행에게 돌아왔다. 나이 든 교포 분의 입에서 가라후토 부시라는 꽃 이름이 튀어 나왔다. 그 말에 저만치서 한 교포가 바삐 다가왔다. 《산중반월기》를 소개해준, 가라후토 부시를 평생 보지 못했다는 그 분이었다. 그는 신기해하면서 꽃에 대고 카메라 셔터를 눌렀다.

가라후토 부시. 그 일본식 꽃이름을 우리말로 하면 사할린 투구꽃이었다. 먼 타향에서 사무치는 향수에 젖은 류시욱을 유혹하던 그 보랏빛. 그 꽃 위로 그가 쓴 일기의 대목들이 뜨문뜨문 되살아나고 있었다.

로마슈카

2014년은 러시아 땅으로 한인이 이주한 지 150주년이 되는 해였다. 러시아 공식문서에서 최초로 인정한 노령(露領)으로의 이주가 150년 전 일이다. 사할린에 처음 한인들이 발을 들여놓은 때는 공식적으로 19C 후반이었다.

러시아의 여러 곳에서 이를 기념하는 행사들이 열렸다. 러시아에서 한인 교포가 가장 많이 밀집해 살고 있는 사할린에서도 예외가 아니었다. 사할린의 주도 유즈노-사할린스크를 비롯한 여러 도시들에서도 기념행사와 축제가 벌어졌다. 북한도 몇몇 행사에 참여했다.

7월 초 어느 날, 사할린의 마카로프 시에서 개최한 한인이주 150주년을 기념하는 축제에는 그곳 러시아인 시장과 한국의 대사관 관계자 등이 참석했다. 행사장은 산자락에 있는 큰 운동장이었다.

행사장 둘레에는 꽃이 제법 달린 국화 비슷한 하얀 꽃들이 여기저기 무리지어 있었다. 구절초 꽃 같기도 했다. 그 꽃들을 밟지 않으려 조심해서 발을 뗐다.

행사장 현수막

로마슈카 꽃문양의 무대 위에서 축하 공연

오호츠크해에서 불어오는 차고도 비릿한 바람에 옷깃을 여몄다.

커다란 현수막이 여기 저기 내걸렸다. 태극기의 태극과 하트모양에 담은 러시아 국기의 삼색이 양 옆에 배치된 현수막에는 한글과 러시아어가 적혀 있다.

"우리는 함께 있다. 므이 브메스쩨." 그 양끝에는 조금 전 본, 주위에 흐드러지게 피어있는 하얀 들국화 문양이 새겨져 있었다. 중앙무대 아래도 그 꽃문양으로 꾸며졌다.

귀빈들 소개와 축사가 이어졌다. 한복 차림의 교포들과 전통복장을 차려입은 러시아인들이 함께 어우러졌다. 양국의 전통 춤과 노래, 악기연주가 한 동안 계속됐다.

행사장에 설치된 여러 개의 천막에서는 한국음식과 러시아 음식이 차려졌다. 추워서 거기서 식사를 했다. 바로 아래가 오호츠크해였다. 바닷바람이 몰고 온 추위를 달래려는 사람들 사이에서 보드카 잔이 오갔다.

로마슈카

사할린에서 태어난 교포 2세와 3세쯤으로 보이는 중년의 여인들이 정신

없이 음식 준비를 했다. 그러다가 잠시 쉴 때였다. 나는 천막 바로 곁에 있는 들국화 꽃 한 송이를 꺾어왔다. 꽃 이름이 궁금해 물었다. 로마슈카라고 했다. 로마슈카는 짐작한대로 들국화 일종이었다. 여인 하나가 얼른 천막 밖으로 몸을 내밀었다. 손에 로마슈카 한 송이가 들려 있었다. 내게 보여주려는 듯 교포 여인들이 바로 가위바위보를 했다. 이긴 한 여인이 송이에서 꽃잎 하나를 따냈다. 그리고 하는 말. "류블유(사랑해)!" 그리고 다시 가위바위보를 해서 이긴 사람이 꽃잎 하나를 따냈다. 그리고 류블류. 두 여인의 웃음소리가 천막으로 퍼졌다.

사할린 마카로프시의 한인이주 150주년 기념식장, 마카로프 시장과 그 곳 한인회장

소녀시절과 처녀시절 자주하던 놀이라 했다. 좋아하는 사람과 사랑이 이루어질까 맘 졸이며 하던 놀이. 맨 마지막 남은 꽃잎을 따내는 사람은 사랑하는 이와 잘 이루어진다는 로마슈카 놀이였다. 그 놀이를 보며 이미 중년이 된 그녀들의 풋풋했던 젊은 시절을 상상해보고 있었다.

어느 새 젊은 아가씨들이 다가와 로마슈카 놀이에 끼어들었다. 며느리들이라고 했다. 신혼으로 보이는 싱그러운 얼굴들. "류블유!" 소리에 이어 웃음소리가 연신 터져 나왔다. 그 날 마카로프시의 한인이주 150주년 기념행사는 그렇게 하얀 로마슈카 꽃으로, 몇십 년을 이어온 '로마슈카' 놀이로 아름답게 남았다.

라쿠슈카

사할린에서는 조개를 모두 '라쿠슈카'라고 부른다. 러시아어 라쿠슈카는 조개껍데기나 조그만 조개를 말하는 '라코비나'의 지소형 명사다. 또 '몰류스크'라는 명사는 조개나 연체동물을 함께 의미한다. 그런데 사할린에서는 조개의 총칭이다. 재첩도 라쿠슈카. 개조개도 라쿠슈카. 코끼리조개도 라쿠슈카.

그 여러 종류의 조개들을 사할린의 한인들도 그렇게 부른다. 러시아인들이 조개의 정확한 이름을 몰라 그렇게 부르는 것을 따라 하다가 라쿠슈카가 그대로 여러 조개의 총칭이 되었는지 모른다.

가장 흔히 잡히는 조개로 담뱃갑 크기만 하다

아니바만에서 조개를 잡는 사람들

쇠스랑으로 조개를 캐고 있다

사할린 한인들의 말에 따르면 러시아인들은 처음에 조개를 먹지 않았다. 오직 우리 교포들만 먹었는데 이제 사정이 바뀌었다. 대도시에 근접한 아니바만灣에는 한 달에 두 번 물이 빠질 때를 기다려 인근 도시인 유즈노-사할린스크, 아니바, 코르사코프, 홀름스크 등지에서 조개를 잡으러 몰려든다.

백사장에는 차 댈 곳이 없이 빽빽하다. 물론 대부분은 러시아인들이라는 것이다. '라쿠슈카'는 사할린의 모든 조개를, 또 그 조개는 사할린 사람들의 입맛을 하나로 묶는 게 되었다.

밤부츠키의 제국

유즈노-사할린스크에서 홀름스크로 이동할 때였다. 점심시간이 가까워 왔다. 어디선가 점심 끼니를 때워야 하는데 파란 풀들이 덮은 너른 벌판만 이어졌다. 교포 한 분이 식사도 할 수 있고, 볼거리도 있는 곳이 나온다고 했다. 아침도 거른 터라 귀가 번쩍 띄었다.

그렇게 조금 더 달렸을까. 벌판 한 가운데 울긋불긋한 큰 건물 몇 채가 서 있었다. 차가 멈췄다. 한 쪽에서 요란하게 전기톱 돌아가는 소리가 울려 퍼졌다. 그곳은 건설 중인 제국이었다.

그곳 지명이 밤부츠키였다. 그래서 그 제국의 이름이 내 기억 속에 그냥 밤부츠키로 남았다.

50대 초반 정도가 되었을까, 허름한 청바지 차림의 중년 남자가 나타났다. 집주인이었다. 몽골족이나 만주-퉁구스족 특징인 광대뼈가 튀어나오고 둥글넓적한 얼굴을 하고 있었다. 다만 그 얼굴에서 광채를 내고 있는 눈은 연초록빛이었다. 친숙하면서도 낯선 이방인의 얼굴. 물론 사할린 땅에서 이방인은 나였다.

그럼에도 그런 생각을 지울 수가 없었다. 그의 이름은 '알렉산드르 알렉산드르비치 텐'이었다. 러시아에서 '텐'이라는 성은 한국 성씨

'정'이었다. 그래서일까, 자꾸 그가 낯선 땅에 있다는 느낌을 지울 수가 없었다.

한국에서 왔다는 말에 그는 부끄럽다며 속내를 털어 놓았다. 그는 한국말을 할 줄 몰랐다.

"열일곱 살 된 딸 하나가 있는데 요즘 들어 자꾸 통박을 줍니다. 이래봬도 저는 성공한 사업가라 자부합니다. 제 아내는 러시아 여자예요. 돈도 많이 모았고, 그런데 딸애는 자기 뿌리도 모르면서 무슨 자랑을 하냐고 빈정대요. 요즘 한국 가수들이랑 음악에 빠져 있거든요. 한국에 가고 싶어 하죠. 그래서인지 우리 뿌리가 한국에 있으면 뭐하냐고 들이댑니다. 제 아버지는 분명 한국인이거든요."

뭔가 도움을 줄 수 있을 것 같아 '텐'은 한국의 '정'씨에 해당된다고 설명했다. 그리고 할아버지 이름이나 고향 같은 것을 안다면 뿌리를 찾을 단서가 될 수 있다고 희망 섞인 말을 했다. 그는 고개를 가로

정원에 세워진 정자. 어느 나라 양식인지 구분이 어렵다

저으며 양 손을 벌렸다.

"할아버지 이름도 몰라요. 얼핏 기억나는 건 증조할아버지가 조선이 망하고 러시아 왔대요."

고려인이었던 그의 아버지는 핀란드 여인과 결혼해 그를 낳았다. 그것도 사할린과는 정반대 쪽인 쌍트-페테르부르크에서 살림을 차렸다고 했다. 그의 말에 따르면 그런 뿌리 찾기를 생각할 나이도 아니었고, 사실 관심도 없었다. 그의 부모는 다 죽었다. 거기다 아버지가 살던 집에 화재가 나 몽땅 타버렸다. '텐'을 추적할 단서가 될 만한 것들은 어떻게 손쓸 방도 없이 재가 되어버렸다는 것이었다.

"그런데 요즘 들어 딸아이가 그렇게 핀잔을 줍니다. 나도 정말 창피합니다. 해줄 수 있는 말이 없거든요."

한국, 핀란드, 러시아가 힘을 합해 이룩해 놓은 알렉산드르 텐의 가족사는 거기서 멈추었다. 그는 가슴을 쫙 폈다.

한창 건설 중인 건물들

그는 손수 이 건물 저 건물을 구경시켜 주었다. 회의장이나 큰 연회장으로 쓸 건물은 신축 중이었다. 다른 건물에서는 러시아식 사우나인 바냐를 고급스럽게 꾸미고 있었다. 그리고 이미 완성된 몇 채의 동양식 건물은 어느 나라 풍인지 가늠할 수가 없었다.

그가 한국식 전통 가옥을 본 따 지었다고 했다. 뭔가 겉돌았다. 화려한 색채의 지붕이며 기둥은 중국식 같기도 했고, 조그만 연못을 따라 꾸며 놓은 정원은 일본식 같기도 했다. 물론 한국식 가옥 냄새가 나는 곳도, 러시아식도 있었다. 건설 중인 새로운 풍의 건물들.

그의 포부는 컸다. 이곳을 색다른 관광문화의 전당으로 태어나게 하고 싶다고 했다. 한국인도, 중국인도, 일본인도, 물론 러시아인도 색다른 문화를 느낄 수 있는 곳, 그가 꿈꾸는 문화의 전당이었다. 아직 황량하지만 주위에 펼쳐져 있는 넓은 들판에 거대한 정원을 꾸민다는 게 그의 계획이었다. 건축비도 어마어마할 것 같았다. 주정부에서도 그의 계획을 적극 지지해준다고 덧붙였다.

나무를 심으며

아직 다 완공되지 않았지만 영업을 시작한 그의 러시아식 카페에서 식사를 했다. 텐은 주방장을 소개했다. 중국인이었다. 하얼빈 출신인 이 중국인은 전직 북경의 한 식당의 요리사였다. 사업에 뛰어 들었다가 실패하고 사할린까지 흘러왔다는 것이었다. 내온 요리도 탕수육 비슷한 것과 러시아식 스프와 빵이 뒤섞였다.

파편으로 남은 조선, 핀란드, 러시아, 한국, 중국, 일본 등이 뒤섞인 밤부츠키의 제국. 제국을 건설하는 사람들도 중국인, 우즈베키스탄인, 러시아인 등 다양했다.

한참 말을 나눈 인연이었을까. 떠나기 전 텐은 부탁이 있다고 했다. 아직 무릎 높이의 나무들이 성기게 심어진 마당에 나무 한 그루 심고 가라했다. 텐은 일하는 사람을 불러 구덩이를 파게 했다.

그 구덩이에 가져 온 나무를 심었다. 흙을 돋우며 텐의 제국의 번성을 기원했다.

인연

다시 인연이란 단어를 빌려야 할 것 같다.

사할린의 북동쪽 끝에 있는 포로나이스크를 찾아갔을 때였다. 사할린 원주민 중 하나인 '니히브'(길랴크)인들의 생생한 삶을 접할 수 있다는 기대감에서였다. 그곳 향토박물관 부관장이 교포분이라 도움을 받기로 했다. 향토 박물관과 원주민들이 있다는 '싸치'섬에 들르기로 한 것이다.

포로나이스크는 소련 시절 군사도시로 러시아인들도 허가를 받지 못하면 들어갈 수 없는 땅이었다. 그래서인지 '싸치'섬으로 들어가는 선착장 주변에 경찰차들이 눈에 띄었다.

우리는 바지선을 타고 섬에 내렸다. 그러자 어디선가 또 경찰차가 나타나 우리 일행을 슬쩍 보고는 되돌아갔다. 교포분은 그래도 그곳에서는 꽤 아는 이들이 많았나보았다. 학교 교사를 지냈기에 러시아인들도 종종 인사를 하며 지나치는 것을 보았다. 우리 일행은 나, 그리고 박물관의 부관장인 교포분, 그리고 또 다른 그곳 원주민인 윌타족 사람이었다. 그는 50대로 박물관에서 운전을 하며 일을 돕고 있었다.

섬에는 원주민들이 거의 없었다. 들은 이야기로는 보통 계절 따라 섬에서 나와 아파트에 거주한다는 것이었다. 우리는 사할린주의 원주

싸치섬으로 들어가는 선착장

민들 학생을 위한 기숙학교에 가보았지만 방학이라 문이 닫혀 있었다. 바다에서 올라오는 연어를 말리고, 물고기 가죽옷을 입고 있는 원주민들의 모습을 그렸던 나는 그만 웃고 말았다.

싸치섬에서 본 것은 일본군이 2차세계대전에 패망하며 나갈 때 학살당한 원주민들의 이름이 적힌 위령비였다. 윌타족 출신의 동행은 그 비석의 이름들 중 하나를 가리키며 친척이라 했다. 나는 맥이 풀려 섬을 나왔다. 바지선 위에서 볼 살이 푸르르 떨릴 정도의 세찬 바람이 오호츠크해 쪽으로부터 불어 닥쳤다. 아무런 이해관계도 없고 처음 보는 나를 위해 시간을 내준 그분들에게 실망한 내 표정을 보여서는 안 되었다. 나는 그 세찬 바람에 얼굴을 내맡겼다. 다들 바람 때문에 저절로 얼굴을 찌푸렸다.

저녁에 교포분과 호텔 식당에 들어갔다. 식당에 자리를 잡는 순간이었다. 누군가 손을 들어 그녀와 아는 체를 했다. 광대뼈가 툭 튀어나온, 한 눈에 보기에도 퉁구스족의 특징을 얼굴에 고스란히 담은 예순을 넘긴 여인이었다.

북쪽으로 한참을 더 올라가야 하는 사할린 섬 북단, 니히브족이 많이 거주하는 노글리키라는 자그만 도시의 '니히브민족박물관'의 관장이라며 내게 소개를 했다. 싸치섬에서 보지 못한 니히브 여인을 호텔

싸치섬에 있는 사할린주 소수민족 학교

레스토랑에서 만난 것이다. 니히브 여인의 곁에는 역시 예순은 훨씬 넘어 보이는 러시아 여인이 나란히 앉아 있었다. 우리는 합석을 했다.

러시아 여인은 '모스크바민족지학박물관'에서 파견된 민족지학을 연구하는 학자였고, 나와 같은 모스크바의 대학을 나왔다. 노글리키에서 시베리아 소수민족 연구들을 발표하는 학술대회가 열려서 거기에 참석 차 왔다는 것이었다.

시베리아에서 그것도 시베리아의 제일 끝, 오호츠크해와 맞닿은 이곳에서 우리 둘은 모스크바를 헤매기 시작했다. 그러다가 기숙사에 이야기가 다다랐다. 그 대학의 거대한 본관에 딸린 기숙사들은 알파벳으로 구역이 나뉘어져 있었다.

내 방은 여러 동 중 E동에 있었다. 그런데 그녀 또한 E동에 살았다고 한다. 나는 탁자에 놓인 보드카 잔을 홀딱 비우고 바짝 다가앉았다. 내 방은 9층 맨 구석에 있었다. 헌데 그녀도 9층의 그 방에 살았다

소수민족 학교 벽면의 그림

는 것이다. 9층에서 그 방만 기형적으로 붙박이 옷장 폭만큼 넓었다. 스무고개 놀이를 하듯 나는 질문을 던지기 시작했다.

"그거 기억나세요, 엘리베이터?"

내가 타고 오르내리던 E동의 엘리베이터는 1955년에 설치된 것이었다. 엘리베이터 내부로 들어가면 마치 옛날 그 시절로 돌아간 듯한 고풍스러움이 묻어났다. 엘리베이터는 내가 2년인가 머물렀을 때 현대식으로 교체됐다. 그런 덕에 몇 달을 나는 9층을 걸어서 오르내렸다. 그녀는 고개를 끄덕였다.

"그러면 그 방의 옷장 문 색깔은요?"

"기억이 희미한데 짙은 밤색인 것 같았어요."

"저 있을 때는 크림색이었는데"

밤색일 수도 있었다. 그녀는 나보다 20여년 전에 그 방에 살았었다. 옷장은 붙박이 장이었다. 그 대학 본관 건물은 스탈린 시기에 지어졌다. 문짝에 색칠을 새로 하고 침대나 책장, 책상 같은 가구는 교체했을지도 몰랐다. 그래도 시멘트 벽체를 파서 설치한 옷장은 변할 수가 없었다.

크림색 문짝을 달고 있던 그 옷장은 세 개의 선반으로 나뉘어져 있었다. 선반 각각의 높낮이도 변형시킬 수도 있지만 무엇보다 시멘트 벽체 위에다 댄 나무판은 그대로였다. 몇십 년의 세월이 흘렀어도 그것을 고칠 리가 없었다. 쓸데없는 짓이었지만 정말 같은 방에 살았다는 확인을 더 하고 싶다는 생각이 일었다. 어떤 동질감의 표시랄까. 뭔가 그 방의 은밀한 게 더 필요했다.

옷장 안쪽, 그러니까 옷장을 열어 제치면 정면으로 보이는 나무 벽체에 새겨진 이상한 문양을 기억했다. 고대인들의 암각화에서 볼 수 있는 동심원 같은 추상적 무늬의 그림. 누군가 칼로 일부러 새겨 놓은 것이었다. 문양은 정교했다. 직선과 곡선은 자연스럽게 흘러 내렸다. 얕은 칼자국 결을 붉은 색연필 같은 것으로 메워 놓았는데 희미하게 변색되어 있었다. 옷장을 열 때 그게 눈에 들어오면 그게 왠지 께름칙했다. 나는 옷을 잔뜩 걸어 그 문양을 가렸었다. 옷장 안 무늬는 그곳에서 하나의 유적처럼 그 방에, 내 기억에 남아 있었다. 그게 갑자기 떠오른 것이다. 그 방에 살았던 사람들만이 기억할 수 있는 유적. 그것을 알아맞힌다면 정말 그녀는 그 방에 살았던 게 확실했다.

"혹시 옷장 안에 기억나는 거 없으세요?"

그녀는 뜬금없는 내 말에 고개를 슬슬 가로저으며 무안한 표정에 웃음을 실었다. 나는 동심원 비스므레한 그 이상한 고대의 문양에 대해 늘어놓기 시작했다. 그때였다. 그녀의 얼굴이 붉어졌다.

"그게 그 때도 있었다구요?"

"그걸 알고 계세요?"

"그거...... 내가 새긴 건데...... "

거짓말 같았다. 저 저명한 학자가 흰소리를 늘어놓을 리도 없지 않은가. 나는 그 문양에 대해 들었다. 시베리아의 암각화에서 흔히 발견되는 문양이라고. 민속학을 전공하던 그녀가 어느 날, 시험과 과제

시베리아의 암각화

에 지쳐 자기 전공이 맞는지 회의에 차 있던 날, 그 문양을 거기에 새겼다는 것이었다. 작위적인 것만 같은 벽장 안 문양에 대한 진실. 하기야 전공도 전혀 다른 내가 시베리아 원주민을 찾아다닌다는 것도 작위적인 것만 같았다.

어쨌든 우리는 두 시간 가량 유쾌한 시간을 보냈다. 믿기지 않는 이상한 인연이 우리를 잡아 끌었던 것이다. 거기에 시베리아 소수민족이 놓여 있었다.

지구의 저 끝에서 이 끝으로 와 전혀 예상치도 않은 곳에서 같은 학교를 다녔고, 몇 백 개는 될 수많은 기숙사 방 중 같은 방에서 숨 쉬었다는 사실. 한국인인 나도, 러시아인도, 니히브인도, 울타인도, 러시아 국적의 교포분도 사할린의 포로나이스크라는 자그마한 도시의 한 식당 안에서 그 인연에 대해 한참을 이야기했다.

참고 문헌

| 참고 문헌 |

- 곽진석,《시베리아 만주-퉁구스족의 신화》, 제이앤씨, 2009.
- 게 아요르잔, 이안나 옮김,《샤먼의 전설》, 자음과 모음, 2012.
- 김춘수,《김춘수 시 선집》, 현대문학, 2004.
- 랄프 레이튼, 안동완 옮김,《투바 (리처드 파인만의 마지막 여행)》, 해나무, 2002.
- 류시욱, 방일권 엮음,《오호츠크해의 바람》, 선인, 2013.
- 발렌찐 라스뿌찐, 권철근 옮김,《마쪼라의 이별, 마리아를 위하여》, 중앙일보사, 1990.
- 백석,《한국대표시인선집 백석》, 문학사상, 2005.
- 블라디미르 아르세니예프, 김욱 옮김,《데르수 우잘라》, 갈라파고스, 2005.
- 아나똘리 김, 김현택 옮김,《초원, 내 푸른 영혼》, 뿌쉬낀하우스, 2011.
- 안나 레이드, 윤철희 옮김,《샤먼의 코트》, 2003.
- 안톤 체호프, 배대화 옮김,《사할린 섬》, 동북아역사재단, 2013.
- 알렉산드르 솔제니친, 이동현 옮김,《이반 데니소비치의 하루》. 문예출판사, 1999.

- 양민종, 《알타이 이야기》, 정신세계사, 2003.
- 윤후명, 《둔황의 사랑》, 문학과 지성사, 2005.
- 일리야 N. 마다손 채록, 양민종 역주, 《바이칼의 게세르 신화》, 솔, 2008.
- 제임스 포사이스, 정재겸 옮김, 《시베리아 원주민의 역사》, 솔, 2009.
- 최남선, 정재승 · 이주현 역주, 《불함문화론》, 우리역사연구재단, 2008.
- 한스-요하임 파프로트, 강정원 옮김, 《퉁구스족의 곰 의례》, 태학사, 2007.
- Антон Чехов. Остров Сахалин, СПБ., 2012.
- Арсеньев, В. К,Дерсу Узала. Сквозь тайгу, М., 1989.
- Энциклопедия коренных малочисленных народов Севера, Сибири и Дальнего Востока Российской Федерации. М., 2005.

시베리아 이야기

초판 1쇄 발행 2019년 11월 10일

지은이 정태언
펴낸이 윤형두
펴낸곳 범우사

등록번호 제 406-2003-000048호(1966년 8월 3일)
(10881) 경기도 파주시 광인사길 9-13 (문발동)
대표전화 031)955-6900, 팩스 031)955-6905
홈페이지 www.bumwoosa.co.kr
이메일 bumwoosa1966@naver.com
ISBN 978-89-08-12457-8 03800

* 이 도서의 국립중앙도서관 출판시 도서목록(CIP)은 e-CIP홈페이지
(http://www.nl.go.kr/cip.php)에서 이용하실 수 있습니다.

* 이 도서는 한국출판문화산업진흥원
'2019년 우수출판콘텐츠 제작 지원' 사업 선정작입니다.

'시베리아' 박 미하일 그림